DE L'ACIER

ET

DE SA FABRICATION

Paris. — Imprimé par E. Thunot et Ce, rue Racine, 26.

DE L'ACIER

ET

DE SA FABRICATION

PAR

M. L. GRUNER,

PROFESSEUR DE MÉTALLURGIE A L'ÉCOLE DES MINES,
INSPECTEUR GÉNÉRAL DES MINES.

PARIS

DUNOD, ÉDITEUR,

SUCCESSEUR DE Vve DALMONT,

Précédemment Carilian-Gœury et Victor Dalmont

LIBRAIRE DES CORPS IMPÉRIAUX DES PONTS ET CHAUSSÉES ET DES MINES,

Quai des Augustins, nº 49.

1867

DE L'ACIER

ET

DE SA FABRICATION

Depuis l'époque où M. Leplay a publié ses deux beaux mémoires sur le Yorkshire et le Nord de l'Europe (*Annales des mines* de 1843 et 1846), l'industrie de l'acier s'est considérablement modifiée. Nous avons fait connaître, M. Lan et moi, les progrès de cet art jusqu'en 1861 (*). Dès lors, la fabrication de l'acier, loin de se ralentir, s'est plus largement développée d'année en année. Aujourd'hui elle atteint des proportions colossales. On assiste au renouvellement complet des anciennes méthodes. L'exposition du Champ de Mars a permis de constater l'importance des produits et leur extrême variété, mais les procédés eux-mêmes ne pouvaient y être étudiés; et pourtant ce sont ces méthodes surtout qu'il importe de connaître. C'est le motif qui m'engage à exposer ici la situation actuelle du travail de l'acier, ou d'en marquer du moins les traits les plus saillants.

Nature de l'acier.

Qu'est-ce que l'acier? On a beaucoup discuté sur ce point depuis quelque temps, et l'on ne s'est pas entendu parce qu'on n'a pas défini le sens du mot. Tantôt on étend, tantôt on restreint outre mesure le domaine de l'acier. On part

(*) *État présent de la métallurgie du fer en Angleterre*, 1862, cinquième partie; fabrication de l'acier, p. 711.

d'un certain idéal théorique, et l'on refuse d'appeler acier tout ce qui sort du cadre tracé.

L'expérience prouve que l'on peut obtenir de la fonte et du fer malléable avec n'importe quel minerai de fer; mais les fontes et les fers produits ont des propriétés variables, parce que les minerais sont plus ou moins purs, et que les méthodes de traitement ne réalisent pas toutes, au même degré, l'élimination des substances étrangères. On aura, selon les circonstances, un métal plus ou moins tenace ou cassant, dur ou mou, pur ou impur. Mais on n'en donnera pas moins à chacun de ces produits extrêmes les noms de *fonte* et de *fer*. Par le même motif, on devra nommer *acier*, tout produit intermédiaire qui ne sera ni fer doux ni fonte, quel que soit d'ailleurs son degré de pureté.

On peut appeler *fonte* le produit fondu *brut* de la réduction des minerais de fer. C'est un fer impur qui n'est pas malléable, au moins à chaud, mais peut se *tremper* par refroidissement brusque.

On donne le nom de *fer doux* au métal plus ou moins épuré, extrait de la fonte ou directement des minerais de fer, malléable à chaud et à froid, mais non susceptible de prendre la trempe.

Et le praticien appellera *acier* tout produit intermédiaire, pouvant subir la trempe, mais restant malléable à chaud et à froid, s'il n'est pas trempé; et ce métal sera de l'acier, quelle que soit d'ailleurs la méthode suivie pour l'obtenir, extraction directe du minerai, affinage partiel de la fonte, ou recarburation du fer doux. D'après cela, par ses propriétés comme par sa fabrication, l'acier est compris entre la fonte et le fer doux. On ne peut même pas dire où commence, où finit l'acier. C'est une série continue qui part de la fonte noire la plus impure, et aboutit au fer doux le plus mou et le plus pur (*). La fonte passe à l'acier

(*) C'est ce que disait Karsten, en propres termes, dès 1823. On n'aurait jamais dû l'oublier. (*Annales des mines*, 1824, t. IX, p. 657).

dur, en devenant malléable (acier naturel pour filières, le *Wildstahl* des Allemands) ; et l'acier proprement dit passe au fer, en donnant successivement de l'acier doux, de l'acier ferreux, du fer aciéreux, du fer à grains. Et ces passages s'observent non-seulement lorsque l'on compare les propriétés et le mode de fabrication des produits, mais encore leur composition chimique. Sans doute il est fort difficile, impossible même, de déterminer la composition rigoureuse des fontes, aciers et fers. Les éléments sont si variés et souvent en proportions si faibles, qu'en présence de l'énorme prépondérance du fer, leur dosage exact devient impossible. Mais ce qui ressort, en tout cas, des analyses faites, c'est que les mêmes éléments étrangers se retrouvent dans les fontes, les aciers et les fers, et qu'après tout ce qui différencie les trois produits, c'est uniquement, comme *Karsten* l'a établi depuis longtemps, les proportions relatives du carbone dont une partie est simplement mêlée au fer, l'autre intimement combinée, ou plutôt à l'état de dissolution.

On trouve étrange que quelques millièmes de carbone puissent modifier le fer doux au point de le faire passer à l'état d'acier. Aussi M. Rivot, dans sa Docimasie, semble-t-il admettre que les deux substances sont chimiquement identiques et ne diffèrent l'une de l'autre que par leur constitution moléculaire, constitution déjà préexistante dans les minerais, de telle façon que certains minerais seraient en quelque sorte prédestinés à donner de l'acier (*). Ce serait le cas de ceux que l'on connait depuis longtemps sous le nom de *mines d'acier*. Sans vouloir discuter pour le moment cette ingénieuse hypothèse, je ne puis cependant ne pas observer que ces mêmes mines d'acier donnent tout aussi bien d'excellents fers doux ; il suffit, pour les obtenir, de prolonger l'affinage. Puis ces fers doux redonnent de l'acier de première qualité lorsqu'on les chauffe au milieu du

---

(*) *Rivot*, Docimasie, t. III, p. 545.

charbon. Il semble donc plus naturel de supposer, et cela me paraît découler des faits que je vais rappeler, que les modifications si variées que subit le fer doux sont dues à l'intervention du carbone et de diverses autres substances étrangères. Il faut en excepter, bien entendu, les simples changements de densité, de texture et de ténacité que tous les métaux éprouvent, lorsqu'on favorise ou détruit leur état cristallin par la chaleur et les actions mécaniques.

Les modifications que la plupart des métaux subissent, sous l'influence de minimes proportions de substances étrangères, sont depuis longtemps connues, et l'on ne voit pas pourquoi il en serait autrement pour le fer. C'est une propriété générale des métaux que nous ne pouvons expliquer, mais qu'il faut bien admettre comme un fait. On sait que le cuivre est profondément modifié par des traces d'oxygène, de soufre ou de plomb; que quelques millièmes de fer altèrent la malléabilité du zinc et de l'étain. Et M. Fremy rappelle, à ce sujet, que $0^{m},0001$ de bismuth ou de plomb rend l'or cassant comme l'antimoine (*). On sait aussi que le chrome, le nickel, le tungstène, le titane, etc., durcissent le fer aussi bien que le carbone. Bref, l'influence considérable de ces minimes proportions de substances étrangères ne saurait être niée. Or les substances que l'on trouve unies au fer, dans les fontes, sont beaucoup plus nombreuses qu'on ne le croit généralement. M. Fremy mentionne le carbone, le silicium, le phosphore, l'arsenic, le soufre, le potassium, le sodium, le calcium, le magnésium, l'aluminium, le manganèse, le nickel, le chrome, le titane, le vanadium, le cuivre, l'azote, etc. (**), et les analyses que je vais citer donnent encore quelques autres éléments, tels que le cobalt, le molybdène, etc. On peut dire, d'une manière générale, que les fontes, comme tous les métaux

(*) *Comptes rendus*, t. LII, p. 1004.
(**) *Comptes rendus*, t. LII, p. 1001.

bruts, renferment une fraction de presque tous les éléments dont se compose le lit de fusion qui les a produits.

M. Fremy a cru devoir attribuer, dans ces derniers temps, une très-grande importance à la présence de l'azote. Pour ce savant, l'acier et les fontes les plus pures sont des composés, non de carbone et de fer seulement, mais des *azoto-carbures*, et ce serait ce radical complexe qui communiquerait à l'acier ses propriétés spéciales.

Plus tard M. Fremy dut néanmoins reconnaître que les fers doux aussi renferment de l'azote. Par suite, le radical *azoto-carburé*, s'il existe, ne saurait être un caractère distinctif des aciers. La série continue, *fonte—acier—fer doux*, n'en subsisterait pas moins. Mais l'azote ne semble pas jouer, dans ces composés, le rôle que leur attribue M. Frémy. La proportion d'azote est beaucoup plus faible que celle que l'on avait cru y trouver d'abord. M. Boussingault, auquel on doit, à ce point de vue, les analyses les plus exactes, a trouvé, dans une première série d'essais,

0,00057 d'azote dans l'acier fondu,
et 0,00124 dans le fer doux (*),
plus tard 0,00007 seulement dans l'acier fondu,
et la même proportion dans les fers doux.
enfin 0,00022 dans l'acier Krupp (**).

Il suit de là qu'il n'existe aucune relation fixe entre les proportions d'azote et de carbone; par suite, ils ne sauraient être unis sous forme d'un radical spécial. On voit même que, dans les aciers proprement dits, la teneur en azote n'atteint pas le dixième de celle du carbone, tandis que ce rapport est toujours plus fort dans les fers doux. La présence de l'azote semble donc plutôt, en quelque sorte, accidentelle. Elle paraît tenir à la propriété si géné-

(*) *Comptes rendus*, t. LII, p. 1251.
(**) *Comptes rendus*, t. LIII, p. 9.

rale des corps solides de condenser les gaz dans les pores. En tous cas, ce qui est bien établi aujourd'hui, c'est que l'azote ne se rencontre dans l'acier qu'en proportions tout à fait minimes, et que si ce gaz était nécessaire à l'existence de l'acier, il serait plus nécessaire encore au fer doux et à la fonte.

Parmi les autres éléments étrangers, il en est plusieurs qui ne sont pas, à beaucoup près, aussi inoffensifs. Bien plus, les propriétés si variées des fers du commerce ne s'expliquent réellement que par ces éléments. Leur nombre est toujours assez élevé, et lorsqu'on réfléchit aux réactions si vives du travail des hauts fourneaux, il devient évident que même les fontes les plus pures doivent être des composés passablement complexes. C'est ce qui résulte des quelques analyses que je crois devoir citer.

On sait, depuis longtemps, que les fontes renferment toujours du carbone et du silicium, et habituellement aussi du soufre, du phosphore et du manganèse. Karsten, dans sa Métallurgie, cite aussi le calcium, le magnésium et le chrome, mais n'ose rien affirmer quant à l'aluminium (*).

La présence fréquente de ce dernier corps a été signalée d'abord par Schafhäutl vers 1840; aujourd'hui le fait est parfaitement établi, car on rencontre l'aluminium même dans les fontes obtenues, avec des lits de fusion peu alumineux. Les laitiers trisilicatés de la fonderie de canons de *Finspong* en Suède ne renferment que 3 pour 100 d'alumine, et pourtant ces fontes, d'après MM. *Eckmann* et *Eggertz*, se composent de (**) :

(*) *Édition française* 1830, t. I, p. 252.

(**) Brochure publiée sur Finspong en 1867, à l'occasion de l'Exposition universelle.

Fer.	93,660
Aluminium.	0,173
Manganèse.	0,190
Calcium et magnésium.	des traces.
Cuivre.	0,005
Silicium.	0,946
Phosphore.	0,050
Soufre.	0,120
Carbone.	3,920 dont 2,17 de graphite.
Total.	99,064

Durocher avait déjà publié, en 1856, d'après les *Annales du comptoir de fer de Stockholm*, plusieurs analyses de ces mêmes fontes de Finspong qui toutes accusent de l'aluminium, du calcium et du magnésium (*). On voyait aussi à l'Exposition une fonte de Suède, tenant, d'après M. Eggertz, 0,26 pour 100 de calcium et 0,16 pour 100 d'aluminium (**). Si les nombreuses analyses, publiées par Berthier, ne signalent dans les fontes aucun de ces métaux terreux, c'est qu'on n'y attachait alors aucune importance, et qu'on négligeait même à dessein la recherche de ces éléments. Mais il est évident que la fusion, de tout minerai alumineux, doit donner des fontes plus ou moins riches en aluminium. On peut citer, sous ce rapport, les fontes grises provenant de nos minerais en grains, et les fontes noires d'Écosse obtenues avec les *blackbands* argileux par une allure très-chaude.

La présence d'un si grand nombre d'éléments étrangers rend l'analyse complète des fontes l'une des opérations les plus complexes de la chimie minérale, et pourtant on ne peut négliger la recherche d'aucune de ces substances, sous pré-

(*) *Annales des mines* 5e série, t. IX, p. 420. C'est à tort que Durocher a cru devoir conclure de l'une de ces analyses que le soufre augmente la ténacité des fontes grises, et que l'on produit à dessein, à Finspong, des fontes tenant 1 à 2 p. 100 de soufre. En réalité, on cherche plutôt à en ramener la dose à moins de 0,002. (Page 11 du mémoire de M. Rinman ci-dessous cité.)

(**) Quelques renseignements sur les fers et aciers de la Suède, par L. Rinman, 1867, p. 25.

texte qu'elle ne saurait exercer aucune influence sur la qualité des fers ou des aciers provenant de l'affinage de ces fontes.

Le dernier volume des *Archives de Karsten* (t. XXV, p. 255, année 1855) mentionne deux analyses qui suffiraient au besoin pour prouver combien les fontes sont des composés peu simples. Elles proviennent des usines de *Vekerhagen* et de *Holzhausen* dans la principauté de *Hessen-Cassel*. On y fondait, à l'air chaud et au charbon de bois, des minerais hydratés tertiaires. La première servait au moulage; elle était très-fluide, remplissait bien les moules, mais blanchissait en plaques minces et devenait alors cassante. Sa densité n'était que de 6,668. La seconde, celle de *Holzhausen*, était légèrement truitée, plus douce et plus tenace que la précédente, mais, comme celle-ci, d'une nuance mate dans les cassures fraîches, ce qui dénote, comme on sait, une proportion élevée de substances étrangères. Par ce même motif, sa densité était également faible, de 6,799 seulement. Les deux fontes donnaient un fort déchet à l'affinage. Pour l'analyse principale, on fit l'attaque avec un mélange d'acide chlorhydrique et de chlorate de potasse, et le résidu fut examiné à part.

Voici les résultats :

	FONTE de Vekerhagen.	FONTE de Holzhausen.
Carbone total	2,876	2,215
Silicium	2.748	1,981
Soufre	0,207	0,083
Phosphore	0,139	traces
Arsenic	0.421	0,068
Calcium	traces	0,352
Magnesium	0,146	0,895
Aluminium	0,032	0,272
Molybdène	0,181	0.014
Chrome	0.080	0,051
Vanadium	0,004	traces
Manganèse	8,953	2,814
Fer	83,383	90.718
	99.173	99,463

Dans les deux fontes, le résidu insoluble a fourni la majeure partie du manganèse et du silicium, savoir :

Dans celle de Vekerhagen.	Silicium. . .	2,668
	Manganèse.	6,871
Dans celle de Holzhausen.	Silicium. . .	1,345
	Manganèse.	2,814

Le résidu insoluble de la dernière fonte contenait en outre 0,167 d'aluminium et 0,155 de fer. On voit que, dans les fontes grises, riches en manganèse, le silicium paraît surtout uni à ce dernier corps. Et l'on sait en effet, par les recherches de MM. Brunner et Wöhler, que le manganèse se combine facilement, par voie de fusion, avec 11 à 12 p. 100 de silicium.

Ces analyses montrent que souvent les fontes grises renferment au delà de 10 p. 100 d'éléments étrangers, et que leur nombre est presque toujours considérable. Il en est certainement ainsi de la plupart des fontes noires, peu tenaces, produites sous l'influence d'une allure très-chaude. Mais même les fontes blanches, provenant de fers spathiques, généralement classées parmi les produits purs, ont en réalité aussi une composition très-complexe. Voici deux analyses de l'habile chimiste ***Frésénius.*** La première est celle de la fonte miroitante (*spiegeleisen*) de Müsen, obtenue en 1862 au charbon de bois avec les minerais du Stahlberg de Siegen (*). La densité du métal oscille entre 7,60 et 7,66.

(*) *État actuel de la métallurgie du fer dans le pays de Siegen*, par M. Jordan, p. 36.

Carbone total	4,323
Silicium	0,997
Azote	0,014
Soufre	0,014
Phosphore	0,059
Arsenic	0,007
Antimoine	0,004
Sodium et lithium	traces.
Potassium	0,063
Calcium	0,091
Magnésium	0,045
Titane	0,006
Aluminium	0,077
Cuivre	0,066
Cobalt	traces.
Nickel	0,016
Manganèse	10,707
Fer	82,860
Laitiers interposés	0,665
Total	100,014

La seconde est celle d'une fonte miroitante au coke, obtenue en 1864 à l'usine de Saint-Louis (Marseille), en fondant un mélange de minerais de fer et de manganèse. L'analyse a été faite à la demande de M. Jordan, alors directeur de l'usine en question, et c'est à son obligeance que je dois la communication des résultats trouvés. La fonte était blanche, mais présentait néanmoins quelque piqûres grises.

Carbone combiné	4,040
Graphite	0,126
Silicium	0,584
Soufre	0,035
Phosphore	0,090
Arsenic	0,032
Antimoine	0,026
Magnésium	0,058
Aluminium	0,068
Cuivre	0,046
Manganèse	5,920
Fer	88,781
Total	99,806

On y a trouvé, en outre, des traces de calcium, cobalt, nickel et azote.

Parmi les fontes les plus pures, on peut citer celle d'Eisenerz en Styrie, produite au charbon de bois, avec des minerais spathiques, en allure froide. La fonte blanche caverneuse, obtenue dans ces conditions, est composée, d'après le docteur Percy (*), de :

Carbone combiné	3,79
Silicium	0,34
Soufre	0,02
Phosphore	0,07
Manganèse	1,06
Calcium	0,05
Magnésium	0,02
Fer	94,57
Total	99,92

On voit que le fer peut retenir, même dans le cas d'une réduction peu énergique, du silicium et quelques dix-millièmes de métaux terreux. En résumé donc, les analyses précédentes, même en admettant qu'elles ne représentent pas rigoureusement la composition des fontes examinées, viennent pourtant à l'appui de la conclusion générale, ci-dessus énoncée, que le *fer brut retient une partie de tous les éléments qui se trouvent en présence au sein des hauts-fourneaux.* Or, maintenant que deviennent ces substances dans le travail pour acier?

Si l'acier s'obtient par voie d'affinage, il est évident *à priori*, et les analyses le prouvent, qu'on ne peut éliminer entièrement que les éléments qui sont, à la fois, très-oxydables et faiblement retenus par le fer. De ce nombre sont le manganèse, le calcium, le magnésium, etc. Par contre, l'aluminium, peu oxydable, d'après M. H. Sainte-Claire Deville, et intimement uni au fer, doit être plus difficile à

(*) *Percy's Metallurgy*, Iron and Steel, p. 536.

enlever complétement; et, en effet, certains aciers fondus renferment des traces de ce corps. La plupart des aciers ordinaires retiennent d'ailleurs du soufre, du phosphore et du silicium. Quant au cuivre des fontes, il se rencontre en majeure partie dans les aciers et les fers. Il suffit de rappeler les études de M. Lan sur le procédé Rivois (*) et celles de M. Bromeis sur le fer de Magdesprung au Hartz (**). Le bon acier naturel de Siegen contient également toujours 0,001 à 0,0016 de cuivre d'après Stengel, et 0,002 à 0,004 de silicium (***).

Dans un acier fondu de *Krupp*, pour canons, obtenu très-probablement par la simple fusion, au creuset, d'un mélange de fonte et de fer de Siegen, M. Abel, le directeur du bureau chimique du département de la guerre à Londres, a trouvé les éléments suivants (****) :

Carbone.	1,18
Silicium.	0,33
Phosphore.	0,02
Soufre.	0,00
Cobalt et nickel.	0,12
Cuivre.	0,30
Manganèse.	traces.
Fer.	98,05
Total.	100,00

Dans le Wootz indien, Henry a rencontré du silicium, du soufre et de l'arsenic.

M. l'ingénieur des mines Philipps a constaté, dans tous les aciers fondus de M. Trinquet de Saint-Étienne, du silicium, du cobalt et du nickel. La plupart ont été préparés en fondant, après cémentation, le fer des forges catalanes des Pyrénées; quelques autres, en combinant, au creuset, de

(*) *Annales des mines*, t. XV, p. 103, 5e série.
(**) *Métallurgie chimique de Rammelsberg*, p. 161.
(***) *Archives de Karsten*, t. IX et X.
(****) *The artisan*, décembre 1856, et *Percy's Metallurgy*.

la fonte pure et du fer (*). Il suit de là que le fer doux devait déjà contenir, avant la cémentation, le nickel et le cobalt.

Enfin, l'acier puddlé d'Ebbwvale renferme, d'après M. Parry, l'habile chimiste de ce vaste établissement (**) :

Carbone	0,501
Silicium	0,106
Soufre	0,002
Phosphore	0,096
Manganèse	0,144
Fer	99,151
Total	100,000

Nous venons de montrer que le fer doux, comme l'acier, contient assez souvent du cuivre, du cobalt et du nickel, et l'on sait, d'autre part, depuis longtemps, d'après Karsten, que dans tous les fers doux il y a du carbone, du silicium, du soufre et du phosphore. Ainsi, en réalité, l'acier et le fer doux sont des composés presque aussi complexes que les fontes. Les proportions seules sont moindres. On y trouve, à quelques exceptions près, au moins des traces de tous les éléments dont se composent les fontes, et chacun de ces éléments, on le conçoit, doit plus ou moins modifier les propriétés spéciales des fontes, fers et aciers.

Or, parmi ces éléments, il en est un qui doit spécialement nous occuper, c'est le *carbone*. Il est en effet facile de montrer, par l'examen des aciers Bessemer, préparés en Suède et en Autriche, que la dureté et la propriété de se tremper dépendent essentiellement de la proportion de carbone dissous.

On distingue en Suède, d'après la dureté, mesurée à la suite de la trempe, neuf sortes d'acier Bessemer (***). On les désigne par les n°s 1, 1 1/2, 2, 2 1/2,... jusqu'à 5, en

(*) *Annales des mines* 1848, t. XIV, p. 526.

(**) *Percy's Metallurgy*, p. 797.

(***) Mémoire allemand de M. Boman, *Sur le procédé Bessemer en Suède.*

allant du plus dur au plus doux; et l'analyse a donné, à l'usine de Siljansfors, à très-peu près, les teneurs suivantes en carbone :

Le nº 1	2,00 pour 100	
1 1/2	1,75	—
2	1,50	—
2 1/2	1,25	—
3	1,00	—
3 1/2	0,75	—
4	0,50	—
4 1/2	0,25	—
5	0.05	—

Le nº 1 relie la fonte blanche à l'acier le plus dur; on peut à peine le forger, et il ne se soude pas.

Le nº 1 1/2 commence à supporter assez bien le forgeage, mais ne se soude pas encore.

Le nº 2 se forge bien, mais ne se soude pas.

Le nº 2 1/2 se forge bien et commence à se souder, quoique difficilement.

Le nº 3 se forge très-bien et se soude entre les mains d'un ouvrier habile. C'est l'acier *dur.*

Le nº 3 1/2 se forge très-bien et se soude bien. C'est l'acier *ordinaire.*

Le nº 4 se forge et se soude très-bien. C'est l'acier *doux.*

Le nº 4 1/2 se forge et se soude très-bien, mais se trempe peu. C'est le *fer dur* ou *fer à grains.*

Le nº 5 se forge et se soude très-bien, mais ne se trempe pas. C'est le *fer doux* fondu ou fer *homogène.*

Il faut remarquer cependant que les teneurs en carbone, que je viens de citer, ne sauraient avoir une valeur absolue, au point de vue de la trempe, ou de la facilité du soudage et de l'étirage. Plus un acier est pur et plus élevée pourra être la dose en carbone, sans que le métal perde la faculté de pouvoir se souder et se forger. La plupart des substances étrangères, à part quelques métaux spéciaux, comme le tungstène, le titane, le nickel, etc., rendent l'acier aigre et lui ôtent sa soudabilité, dès que le carbone dépasse une certaine limite. Observons aussi que, toutes choses égales d'ailleurs, la limite en question est d'autant moins élevée que les substances étrangères sont plus abondantes. D'après cela, les aciers Bessemer, fabriqués en France, et surtout en Angleterre, doivent en général tenir moins de carbone que les aciers suédois. On les fabrique, en effet, avec des fontes moins pures, et l'on sait que l'acier Bessemer, ou plutôt le *métal* Bessemer, renferme rarement, en Angleterre, assez de carbone pour prendre la trempe. Dès que l'on force la dose en carbone, le produit devient plus ou moins aigre.

En Autriche, où l'on traite, comme en Suède, dans l'appareil Bessemer, des fontes très-pures, on obtient de même des produits supérieurs. M. Tunner, l'éminent métallurgiste de Léoben, a fait adopter un système de classification peu différent de celui de la Suède. Il a pourtant supprimé les deux premiers numéros suédois, qui sont plutôt de la fonte blanche, et il a remplacé les demi-numéros par des numéros entiers, croissant depuis 1 jusqu'à 7.

Le classement théorique est, d'après cela, le suivant (*):

Le n° 1, à 1,50 p. 100 de carbone, est de l'acier malléable, mais non encore soudable. Correspond au n° 2 de l'échelle suédoise.

Le n° 2, à 1,25 p. 100 de carbone, est de l'acier malléable, mais difficilement soudable.

Le n° 3, à 1 p. 100 de carbone, est de l'acier très-malléable qui peut se souder, si l'ouvrier est habile. C'est l'acier *dur*.

Le n° 4, à 0,75 p. 100 de carbone, est de l'acier très-malléable, facile à souder. C'est l'acier *ordinaire*.

(*) *Oestreichische Zeitschrift für Berg und Hüttenwesen*, année 1865, p. 153.

Le n° 5, à 0,50 p. 100 de carbone, est à la fois très-malléable et très-facile à souder. C'est l'acier *doux*.

Le n° 6 renferme 0,25 p. 100 de carbone. C'est le fer à *grains*, qui se trempe à peine.

Le n° 7, à 0,05 p. 100 de carbone, est du fer *doux* homogène, qui ne se trempe pas.

Lorsque l'affinage est poussé trop loin, on obtient un métal plus tendre encore que le n° 7. Il est *court*, sans ténacité. C'est le fer *brûlé* des forgerons; un fer oxygéné, et non azoté, comme le pensait M. Fremy.

Le classement théorique a été vérifié à l'usine de Heft, en Carinthie. Voici les teneurs en carbone fournies par l'analyse :

	D'après le mémoire ci-dessus cité de M. Tunner.	D'après les notes relevées à l'Exposition (*).
Le n° 2 a donné en carbone. .	1,35 pour 100	»
Le n° 3.	1,15 —	1,00 à 1,10 pour 100
Le n° 4.	0,85 —	0,75 à 0,85 —
Le n° 5.	0,72 —	0,42
Le n° 6.	0,53 —	0,25
Le n° 7.	0,11 —	»

(*) On voyait également, à l'Exposition, une série pareille d'aciers Bessemer, provenant de Fagersta en Suède, et tenant depuis 0,10 à 1,30 p. 100 de carbone.

A l'usine impériale de Neuberg, en Styrie, les teneurs en carbone, d'après une note publiée à l'occasion de l'Exposition, sont les suivantes :

NUMÉROS de dureté.	TENEURS en carbone.	OBSERVATIONS.
N° 1	1,58 à 1,38 pour 100	Ne peuvent se souder et s'emploient rarement.
N° 2	1,38 à 1,12 —	
N° 3	1,12 à 0,88 —	Se soude facilement. Employé pour trépans, ciseaux, etc.
N° 4	0,88 à 0,62 —	Employé pour outils tranchants, limes, etc.
N° 5	0,62 à 0,38 —	Acier doux pour bandages, etc.
N° 6	0,38 à 0,15 —	Se trempe peu; acier pour tôles de chaudières et essieux.
N° 7	0,15 à 0,05 —	Ne se trempe pas. Acier pour pièces de machines.

Ces résultats montrent que 1/4 p. 100 de carbone, en plus ou en moins, suffit pour faire passer l'acier d'une classe à une autre. Ils confirment pleinement l'ancienne théorie, selon laquelle le degré d'aciération est, toutes choses égales d'ailleurs, à peu près proportionnel à la teneur en carbone. Je dis *toutes choses égales d'ailleurs*, car je tiens à le répéter, d'autres éléments peuvent rehausser ou contrarier la facilité du soudage, augmenter ou diminuer la dureté après trempe et rendre le métal plus ou moins aigre, ou tenace, en sorte que les proportions ci-dessus indiquées n'ont, en réalité, qu'une valeur relative. Malgré cela, on peut certainement affirmer que *c'est de la teneur en carbone que dépendent surtout les qualités de l'acier.*

On attache avec raison, en Suède ou en Autriche, une très-grande importance au classement des aciers Bessemer. Si l'on veut faire accepter par le commerce le produit nouveau, il faut distinguer avec soin les aciers durs, pour instruments tranchants (les nos 2 et 3 de l'échelle autrichienne), des aciers moyens pour ressorts, pièces de machine et bandages (les nos 4 et 5), et ne pas confondre ceux-ci avec les aciers extra doux (fers *homogènes*), employés pour tôle, essieux, canons de fusil, etc. (les nos 6 et 7). Aussi, dans ces deux pays, marque-t-on chaque barre, avant de la livrer aux consommateurs, du numéro de la classe à laquelle elle appartient. Il serait certainement utile qu'un pareil usage prévalût aussi dans les usines anglaises et françaises.

On fabrique rarement, dans les usines d'Autriche, les nos 1 et 7 : le premier, à cause de son extrême dureté qui conduit à l'aigreur ; le dernier, à cause de sa moindre ténacité.

Entre les nos 2 et 6, la ténacité varie peu (*) ; mais l'allon-

---

(*) D'après la note déjà citée de Neuberg, la ténacité absolue semblerait décroître régulièrement avec la proportion de carbone. Mais cela n'est pas confirmé entièrement par les observations faites en Suède et ailleurs. Cependant les aciers peu carburés sont bien en général les moins tenaces.

gement que subit la barre, avant de se rompre, est d'autant plus grand que la teneur en carbone est plus faible. Dans la section suédoise de l'Exposition, se trouvaient de nombreuses barres cylindriques éprouvées ainsi. A côté de chaque barre, on a noté le poids qui a occasionné la rupture, le rapport entre la section de rupture et la section primitive, et la teneur en carbone de l'échantillon éprouvé. Les teneurs paraissent avoir été déterminées par la méthode Eggertz, que je ferai connaître à la fin de ce mémoire. Comme cette méthode me semble offrir toute la rigueur désirable, je crois devoir citer les chiffres. Les aciers proviennent de l'usine de Fagersta, près de Norberg.

L'acier à 1,2 p. 100 de carbone s'est rompu net sans aucun allongement. Les aciers plus doux ont donné les résultats suivants :

Teneur en carbonne	Poids qui a opéré la rupture par millimètre quarré.	Rapport de la section étirée à la section primitive.
1,00 p. 100	95 à 109 kil.	0,91 à 0,95
0,70 —	86 à 102 —	0,80 à 0,90
0,45 —	90 à 103 —	0,68
0,35 —	133k,8	0,36

Un acier plus doux encore, sorte de fer homogène de 0,1 à 0,3 p. 100 de carbone, sert à Fagersta pour les canons de fusil. Sous une charge à outrance, le métal se dilate et se déchire sans voler en éclats.

La même usine a exposé un acier extra dur tenant 1,5 p. 100 de carbone, à l'aide duquel on peut percer l'acier à 1 p. 100, même trempé.

A Neuberg l'acier n° 3 s'allonge de 5 p. 100 avant de rompre. Le n° 4, de 5 à 10 p. 100. Le n° 5, de 10 à 20 p. 100. Le n° 6, de 20 à 25 p. 100, et le n° 7 de 20 à 30 p. 100.

Disons encore que, d'après M. Vickers de Sheffield, la

ténacité des aciers diminue dès que la teneur en carbone dépasse 1,25 p. 100 (*Journal de Léoben*, par Tunner, t. XV, p. 300).

En résumé donc, il résulte de tout ce qui précède que les fers, les aciers et les fontes du commerce sont des composés analogues de fer et de carbone, toujours unis à quelques autres substances étrangères; que les propriétés spéciales de ces divers fers dépendent surtout de leur pureté et des proportions de carbone combiné; qu'enfin une chaîne non interrompue lie les fers doux les moins carburés aux aciers et ceux-ci aux fontes.

On sait d'ailleurs, depuis longtemps, que, dans les fontes blanches et les aciers trempés, tout le carbone est réellement combiné ou dissous, tandis que, dans les fontes grises et les aciers non trempés, une partie de carbone reste isolé sous forme de graphite.

M. Caron a récemment montré que le martelage des aciers à chaud, produit le même effet que la trempe, et il conclut de là que le martelage, comme la trempe, produit la combinaison du carbone et du fer (*). Je croirais plutôt que le martelage comme la trempe empêche la séparation des deux substances déjà unies. On sait, par les phénomènes qui se passent dans les hauts fourneaux et dans les caisses de cémentation, que le fer dissout d'autant plus de carbone que la température est plus élevée et plus longtemps soutenue, tandis que, par refroidissement lent, l'excès de carbone se sépare de nouveau. Mais il faut, dans les corps mous, pour le mouvement des molécules, un certain temps. Si donc le refroidissement est brusque, le carbone ne peut s'isoler; il se produit une sorte de sursaturation. Le martelage produit le même effet, mais plutôt, à mon avis, parce qu'il empêche la cristallisation isolée du fer et du carbone, en rapprochant et pétrissant sans cesse les molécules des

(*) *Comptes rendus*, t. LVI, p. 46 et 212.

deux corps. Ce qui prouve que la trempe et le martelage ne peuvent agir de la même façon, c'est que le martelage, comme on sait, accroît la densité, tandis que la trempe la diminue. M. Caron a découvert, en effet, ce fait très-curieux qu'une barre d'acier se raccourcit par l'effet de trempes successives en grossissant transversalement; de telle sorte qu'en définitive, il y a accroissement de volume.

Méthodes de fabrication.

L'acier peut s'obtenir par deux méthodes : d'une part, comme le fer doux, par *affinage direct;* d'autre part, à l'aide de ce fer doux, par *recarburation.* Avec une fonte donnée, la dernière méthode donnera nécessairement un produit plus pur que la première. En prolongeant l'affinage jusqu'au fer doux, on expulsera les matières étrangères d'une façon plus complète. Mais le procédé sera plus coûteux, parce qu'aux frais d'affinage on ajoutera ceux de la recarburation. Malgré cela, on l'applique dans deux cas très-différents, qui correspondent exactement aux deux cas extrêmes où l'on fait usage de l'*extraprocess*, dans le traitement du cuivre en Angleterre.

En premier lieu, on y a recours lorsqu'on veut produire de l'acier *tout à fait supérieur* en partant de fontes de première qualité. C'est la fonte de Danemora, transformée en fer, puis ce fer, cémenté en Angleterre pour acier surfin.

En second lieu, on en fait usage lorsqu'on veut obtenir l'acier *commun* avec des fontes *ordinaires*, qui ne peuvent être affinées que pour fer doux, à cause de la surabondance des matières étrangères. Telles sont les fontes anglaises de minerais houillers, que l'on transforme en acier fondu pour rails, en appliquant aux fers puddlés la méthode de recarburation, imaginée par M. Parry d'Ebbwvale, ou, plus simplement, la fusion au creuset avec addition de charbon ou de fonte pure.

Mais, avant de nous occuper de la méthode *indirecte*, voyons d'abord en quoi consiste l'*affinage direct*.

Dans l'affinage de la fonte, pour fer ou acier, on peut suivre trois voies différentes.

On peut : 1° opérer sur la fonte *solide*, à température plus ou moins élevée mais sans fusion. Le produit est de la fonte *malléable ordinaire*, lorsqu'on décarbure complétement, et de la fonte *malléable aciéreuse* (le *glühstahl* des Allemands), en cas d'affinage partiel.

On peut : 2° opérer sur la fonte *pâteuse* ou *fluide*, de façon à obtenir un produit *solide*, qui sera, selon le degré de décarburation, du fer doux ou de l'acier naturel, c'est-à-dire le fer ou acier de *forge* des bas foyers, et le fer ou acier *puddlé* des réverbères. Au lieu d'affiner la fonte proprement dite, on peut d'ailleurs traiter, de la même manière, les éponges extraites directement des minerais par les méthodes catalane et Chenot.

On peut : 3° enfin traiter la fonte fluide à une température assez élevée pour que le produit lui-même demeure *fluide*. On y parvient par les procédés dits de *réaction*, et par l'affinage *Bessemer*. Selon le degré de la décarburation, on aura ou de l'acier fondu ordinaire ou du fer fondu ; ce dernier est appelé, depuis peu, fer ou métal *homogène*. D'après le docteur Percy, ce nom paraît avoir été adopté, en premier lieu, par Joseph Bernett Howell de Sheffield, dans son brevet de 1856. On peut enfin décarburer moins encore et obtenir un produit intermédiaire entre l'acier et la fonte. C'est le *Fein eisen*, ou *Reineisen*, et le *Hartguss* des Allemands. J'adopterai pour ces produits mixtes le terme de *fonte raffinée*.

Passons en revue ces divers procédés, en nous arrêtant surtout à ceux qui offrent des particularités nouvelles.

I. AFFINAGE DIRECT SANS FUSION.

L'affinage direct sans fusion consiste à oxyder lentement le carbone de la fonte, par voie de grillage, ou par des agents oxydants solides. On se sert spécialement de ces derniers, et cette décarburation en vases clos, par cémentation oxydante, est due à Réaumur qui recommande, pour adoucir la fonte, de la chauffer au milieu du fer brûlé, alors appelé *safran de mars* (*).

Des trois méthodes directes, c'est évidemment la moins parfaite, car si les éléments étrangers peuvent tous être oxydés, on ne peut réellement éliminer que ceux dont les produits oxydés sont volatils, le carbone, le soufre et l'arsenic. Elle ne peut donc être appliquée qu'à des fontes très-pures, et comme le graphite est difficile à oxyder, il faut encore qu'elles soient blanches ou rendues blanches par la refonte. On se sert surtout de fontes au bois, obtenues dans le nord de l'Angleterre, avec des hématites rouges. On peut se servir aussi de fontes blanches, provenant de fers spathiques, mais il faut que par la refonte (sorte de mazéage) elles soient en majeure partie privées de manganèse, qui rend le fer et l'acier cassants, comme l'a prouvé depuis longtemps Bréant (**) et confirmé récemment M. Caron (***).

L'analyse suivante du docteur Miller, citée par M. Percy (****), prouve que le carbone combiné est presque seul oxydé.

(*) *Réaumur. Art de fabriquer l'acier*, 1722, p. 472.
(**) *Annales des mines*, 1e série, 1824, t. IX, p. 325.
(***) *Comptes rendus*, t. LVI, p. 828.
(****) *Percy's Metallurgy*, t. II, p. 111.

Composition de la fonte avant l'affinage.			Composition de la fonte malléable.	
Carbone combiné	2,217	pour 100	0,434	pour 100
Graphite	0,583	—	0,446	—
Silicium	0,951	—	0,409	—
Soufre	0,015	—	0,000	—
Aluminium et phosphore	traces.		traces.	

On voit que le soufre est complétement éliminé, et il semblerait même qu'une partie du silicium l'est également, mais le silicium disparu, doit certainement exister, sous forme de silice ou de silicate de fer, entre les particules du produit adouci. M. Tunner affirme cependant aussi que le silicium est en partie éliminé; mais j'avoue que j'ai quelque peine à concevoir la possibilité du fait, s'il est réellement question d'une véritable élimination, et non pas d'une simple oxydation partielle du silicium (*).

Je citerai encore l'analyse suivante d'une fonte malléable, préparée à Saint Étienne. Elle est due à M. l'ingénieur des mines Philipps (**).

Carbone	0,54	pour 100
Silicium	0,44	—

On n'a pas cherché le soufre, etc.

La fonte malléable peut se forger, mais c'est un produit peu tenace et peu dense, et l'on ne peut s'en étonner en présence des 0,004 à 0,005 de silicium constatés par les deux analyses que je viens de citer.

La fonte malléable *aciéreuse* ne diffère de la fonte malléable proprement dite que parce qu'on y laisse une proportion plus élevée de carbone. Il faut pour cela une fonte plus pure encore, une fonte blanche convenablement finée. Le métal qui nous occupe, le *Glühstahl* des Allemands, a

(*) *Stabeisen und Stahlbereitung*, t. II, p. 49.
(**) *Annales des mines* 1848, t. XIV, p. 327.

été surtout fabriqué par M. de Mayr de Léoben (Styrie). On peut le forger, et l'on a pu en faire des limes, mais le produit reste aigre. Aussi, depuis peu, à cause du bas prix de l'acier Bessemer, M. de Mayr a de nouveau renoncé à cette fabrication, et l'on peut même dire que la méthode d'affinage, par voie de cémentation oxydante, n'a réellement plus de raison d'être.

II. AFFINAGE DE LA FONTE FLUIDE, AVEC PRODUITS AFFINÉS SOLIDES.

C'est la méthode d'affinage ordinaire pour fer et acier.

Au bas foyer, on obtient le fer au bois et l'acier de forge.

Au réverbère, le fer et l'acier puddlés.

On connaît ces méthodes de traitement ; je ne me propose pas de les décrire de nouveau. Je dirai seulement que le travail au bas foyer, à cause de la cherté croissante du charbon de bois, du prix peu élevé des fers et des perfectionnements apportés au puddlage, tend rapidement à disparaître, si ce n'est dans les contrées, comme les Alpes, l'Oural et la Suède, où le minerai est très-pur et le bois encore abondant. Partout ailleurs, le puddlage le remplace graduellement; mais le réverbère lui-même, comme le bas foyer, donne des produits impurs. Dans les deux cas, on a des loupes, dont on ne peut expulser toutes les scories. C'est une éponge imbibée de silicates. Entre les particules ferreuses, il y a solution de continuité et, par suite, défaut d'adhérence ou de ténacité d'autant plus sensible que les loupes sont plus fortes (*).

Ce faible poids des loupes est un défaut grave de la mé-

(*) La bonté exceptionnelle du fer pris par *attachement*, dans certaines forges allemandes, est précisément due à la petitesse des lopins et à la haute température qui favorise la fusion des particules scoriacées.

thode en question. On ne peut avoir de grosses pièces de fer qu'en assemblant par soudage une série de barres. Or ce soudage est toujours imparfait au centre des paquets.

A cela vient encore se joindre une autre difficulté. Dès qu'une grosse pièce de fer est maintenue chaude sans être étirée, elle tend à prendre l'état cristallin. On connaît, par les expériences de M. Tresca, la semi-fluidité des corps solides mous. A cette température, les molécules du fer sont mobiles et peuvent se grouper en cristaux réguliers. C'est ce qui arrive au centre de toute grosse pièce qui se refroidit lentement. On ne peut combattre cette tendance à former des cristaux que par le refroidissement brusque; mais il faut alors détruire, par un recuit faible, la trempe que subit l'extérieur de la masse. C'est la préparation à laquelle on soumet les plaques de blindage et qu'il faudrait adopter pour toute grosse pièce de forge.

L'Exposition était remarquable à ce point de vue; on y voyait des spécimens de 15 à 50.000 kilogrammes chez MM. Petin et Gaudet, Marel frères, Lacombe et Russéry, le Creusot, etc. Sous le rapport de la qualité des fers, comme sous le rapport du poids des masses, le travail des fers puddlés a fait d'énormes progrès. Mais un défaut capital subsiste toujours, et il est inhérent à la méthode même. On ne peut avoir des fers ou des aciers tenaces et propres, une matière véritablement homogène, tant que le produit affiné n'est pas liquide et ne peut être coulé sous forme de *lingot*. Or c'est là surtout ce qui caractérise le troisième mode d'affinage et lui donne une si grande valeur. C'est l'avenir de la métallurgie du fer et le motif qui nous engage à nous en occuper spécialement. Mais auparavant, signalons quelques essais dont les résultats n'ont pas été heureux et ne pouvaient l'être.

Plusieurs métallurgistes avaient pensé qu'au lieu de fondre les minerais au haut fourneau, il vaudrait mieux les réduire simplement à l'état d'*éponges douces* ou d'*éponges* *carburées.* En opérant à une température moins élevée, on espérait obtenir des produits plus purs et consommer moins de combustible. On s'est gravement trompé. Lorsqu'on prépare des éponges, au lieu de fonte, on a des loupes moins pures encore, puisqu'elles renferment, en sus des scories ordinaires, les matières terreuses du minerai. Et si l'on fond les éponges dans des creusets, au lieu de les forger directement sous forme de loupes, on aura, à la vérité, un produit homogène, mais ce sera du fer ou de l'acier brut de qualité inférieure, à moins que l'éponge ferreuse ne subisse l'affinage comme la fonte. C'est ce qu'il a fallu faire avec les éponges Chenot à l'usine de Baracaldo, située en Espagne, près de Bilbao. Mais il y a plus: on pensait réduire le minerai à l'aide d'un simple mélange de gaz combustibles, et l'on n'a pas songé que, si l'oxyde de carbone et l'hydrogène réduisent l'oxyde de fer, l'acide carbonique et la vapeur d'eau oxydent le fer métallique; en sorte que, pour obtenir du fer avec les gaz seuls, il faut nécessairement opérer avec un grand excès d'oxyde de carbone et d'hydrogène, ou bien faire intervenir le carbone solide, comme dans les hauts fourneaux, afin de réduire sans cesse à nouveau les gaz, devenus oxydants par l'action de l'oxyde de fer. Il convient de rappeler à ce sujet que, d'après M. Debray, on ne peut réduire le peroxyde de fer à l'état de fer métallique, à moins de quatre équivalents d'hydrogène par équivalent de vapeur d'eau, tandis que si la proportion d'hydrogène est moindre, on le ramène seulement à l'état de protoxyde noir. Il en est de même d'un mélange de $CO^2 + CO$; pour avoir du fer, il faut plus d'un équivalent d'oxyde de carbone par équivalent d'acide carbonique (*). Dans les méthodes directes, qui ont en vue la suppression des hauts fourneaux, on ne peut donc se passer d'une addition de charbon mêlé au minerai, et c'est là ce qui ôte tout

(*) *Comptes rendus*, t. XLV, p. 1018.

avantage aux méthodes imaginées par Chenot en France, Renton en Amérique, Gurlt en Allemagne, etc.

III. AFFINAGE DE LA FONTE FLUIDE, AVEC PRODUITS AFFINÉS FLUIDES.

On affine la fonte à une température assez élevée pour obtenir, comme produit épuré, de l'acier fondu, ou du fer dit *homogène*. Tout étant fluide, les scories se séparent complétement du produit métallique, comme dans les hauts fourneaux. On a des lingots homogènes qui, par cela même, sont beaucoup plus tenaces que les loupes de la méthode précédente. C'est l'avantage des procédés dont il nous reste à parler et tout le secret de leur supériorité. Mais aussi cette supériorité incontestée renferme en germe la complète transformation du travail du fer.

Ce troisième mode d'affinage comprend divers procédés. Le plus remarquable et le plus répandu, en ce moment du moins, est le procédé *Bessemer*. Comme variante, on peut citer le procédé *Bérard*. Dans les deux cas, l'affinage s'opère essentiellement par l'oxygène de l'air.

Mais on peut aussi affiner au moyen d'agents solides, tels que le fer et l'oxyde de fer; c'est la méthode dite *par réaction*, déjà indiquée par *Réaumur* et même par *Vanaccio* pour l'acier *de forge*, puis recommandée pour l'acier *fondu* par *Clouet*, *Mushet*, *Hassenfratz*, le capitaine *Uchatius*, etc. La fusion se faisait alors au creuset, comme dans les usines où l'on fond l'acier cémenté, tandis que maintenant on a recours au four à réverbère. *Hassenfratz* parle de ce dernier four dès 1812. MM. *Heath*, John-Davie *Stirling* et *Bessemer* l'ont essayé en Angleterre, le premier en 1845, les deux derniers en 1854 et 1855. Plus tard, en 1858, M. Sudre et MM. Petin et Gaudet s'en sont servis momentanément en France; mais le procédé n'est devenu pratique qu'à la suite des tentatives prolongées du commandant *Alexandre*, dans les fonderies impériales de Villeneuve et de Ruelle, en 1861 et 1862, et surtout par les soins de M. P. Martin, dans son usine de Sireuil, depuis 1865. Disons quelques mots de chacun de ces procédés.

Procédé Bessemer.

Appareils Bessemer en France. — Les appareils Bessemer sont aujourd'hui répandus en tous pays ; l'Exposition universelle en a fourni la preuve. En France, on marche, d'une façon régulière, à Imphy, Assailly, Terre-Noire et Mutterhausen ; à titre d'essais, dans quelques autres usines. L'expérience acquise confirme, en général, les conclusions de mes deux mémoires de 1861 et 1862. On a partout constaté que pour avoir de bons produits, il fallait des fontes pures. L'affinage ne réussit qu'à cette condition. Les espérances contraires de M. Fremy ne se sont pas réalisées jusqu'à présent. Les fontes les plus convenables pour acier Bessemer s'obtiennent en France avec les minerais des Pyrénées (massifs du Canigou et de Vicdessos) et avec les fers oxydulés de Mokta-el-Hadid (Bône) et de l'île de Sardaigne. Les fers spathiques des Alpes conviendraient également, et probablement aussi les hématites manganésifères du Périgord et certains minerais en grains du centre de la France.

Les minerais des Pyrénées sont des hématites brunes et des fers spathiques plus ou moins décomposés. On les traite dans les hauts fourneaux de Ria, la Nouvelle, Berdoulet, Pamiers, etc. Ceux de Bône et de l'île de Sardaigne ressemblent aux minerais de Suède ; ils rendent 60 à 65 p. 100 de fonte légèrement manganésifère. Dans quelques établissements, on augmente la teneur en manganèse en ajoutant, au lit de fusion, du minerai de la *Garrucha* (sud de l'Espagne) ou même de l'oxyde de manganèse.

Le fer oxydulé de l'île de Sardaigne est fondu à Givors dans les hauts fourneaux au coke de la Cie Petin et Gaudet.

Le minerai de Mokta, à Terre-Noire, Saint-Louis, Vienne, Givors (hauts fourneaux de la Rochette), Chasse, le Creusot, etc., et c'est grâce à ce même minerai que le Creusot produit aujourd'hui des fers à la houille de qualité supérieure.

Dans les usines Bessemer, on applique partout, en France, la méthode anglaise, c'est-à-dire le four mobile, avec addition de fonte miroitante pure, pour la recarburation du fer brûlé. On ne réussit qu'en se servant de fontes grises. Lorsqu'on traite des fontes blanches peu siliceuses, la réaction immédiate de l'oxyde de fer sur le carbone, et le dégagement de l'oxyde de carbone, qui en est la suite, empêchent l'échauffement de la masse. Celle-ci reste pâteuse, et ce manque de fluidité amène des explosions. Lorsqu'au contraire la fonte renferme du silicium et un peu de manganèse, la masse s'échauffe davantage, parce qu'il ne se forme, à l'origine, que des produits oxydés solides. Pour que l'opération réussisse, il faut donc que la première période, celle de la *scorification*, ou du *mazéage*, soit relativement longue. M. Jordan observe, dans son intéressant mémoire sur les usines à fer du pays de Siegen, qu'un excès de manganèse peut également provoquer des explosions, et que les fontes grises ne devraient jamais en renfermer au delà de 2 p. 100 (*).

La même observation a été faite en France; seulement la limite de 2 p. 100 n'est pas absolue : elle doit varier

(*) *État de la métallurgie du fer dans le pays de Siegen*, 1864, p. 52. — M. Jordan dit, au sujet de ces explosions : « Elles sont « peut-être dues à la facilité avec laquelle le manganèse absor- « berait l'oxygène à une certaine température et le dégagerait à « une température moins élevée. » Cette explication me paraît difficilement admissible. Les explosions doivent plutôt provenir de la proportion élevée de carbone que renferment toujours les fontes manganésifères, et probablement aussi de l'état réfractaire du manganèse métallique, qui rend les fontes moins fluides. Enfin, il ne faut pas oublier que les fontes riches en manganèse sont peu chargées en silicium; circonstance qui facilite la réaction des oxydes sur le carbone.

avec les proportions relatives de silicium et de carbone. On sait que, toutes choses égales d'ailleurs, une fonte est d'autant moins chargée en silicium, et souvent d'autant plus carburée, que la charge des hauts fourneaux est plus riche en manganèse. En tout cas l'influence fâcheuse de l'excès de manganèse sur la marche de l'appareil Bessemer a été partout constatée.

Jusqu'à présent les appareils Bessemer ont été alimentés, en France comme en Angleterre, avec de la fonte refondue au réverbère. L'usine de *Terre-Noire* s'est la première affranchie de cette sujétion, imitant en cela la pratique adoptée, depuis quelque temps déjà, par la Suède et l'Autriche, dans le traitement des fontes au bois. L'usine de Terre-Noire possède deux convertisseurs de 3 ou 4 000 kilog. chacun; ils fonctionnent plusieurs fois par jour. On affine directement presque toute la production de l'un des hauts fourneaux (*). Lorsque la fonte est grise, la durée ordinaire des opérations atteint 20 à 25 minutes; elle est de 15 seulement, dès que la fonte blanchit sur les bords. Les explosions sont alors fréquentes, parce que le métal reste un peu froid. Les résultats précis du traitement me sont inconnus, mais on obtient, en tous cas, au moins 80 p. 100 de produits marchands; et ce qui prouve l'économie du procédé, c'est que cette usine vient de soumissionner, pour la ligne de P. L. M., un lot de 22 000 tonnes de rails Vignole, en métal Bessemer, au prix de 315 francs la tonne, pris en forge.

Dans cette usine, l'acier pour rails se trempe légèrement, l'acier pour tôle ne se trempe pas et appartient plutôt à la classe des fers homogènes. Le premier correspond donc aux nos 5 à 6 de l'échelle Tunner, le second aux nos 6 à 7. D'après les expériences de traction faites à Terre-Noire, l'acier Bessemer ordinaire (no 5) rompt sous la charge de 70 kilog.

(*) La compagnie va agrandir son atelier Bessemer de Terre-Noire, et doit en établir un autre à Bességes.

par millimètre carré, et l'acier doux, pour tôle, sous celle de 55 à 60 kilog., tandis que la tôle en fer au bois cède à 35 kilog. Le premier s'allonge, avant de se rompre, de 5 à 8 p. 100; le second de 15 à 20 p. 100.

En 1866 et vers la fin de 1865, on fabriquait à Terre-Noire des rails en fer avec couverte soudée en acier Bessemer; mais on renonça bientôt à ce système bâtard à cause des chances de dessoudage auxquelles on peut être exposé à la suite de quelques mois de service.

Vers cette époque, la compagnie d'Orléans, avant de se décider pour les rails faits uniquement en acier Bessemer, réclama de Terre-Noire deux séries d'essais propres à constater l'uniformité de la fabrication. Voici les conditions imposées pour ces essais par M. Nordling, l'ingénieur en chef du réseau central d'Orléans (*):

1° Prendre deux lingots au hasard dans une même coulée, les soumettre aux épreuves ci-indiquées et arriver à démontrer que les résultats sont pratiquement identiques. Cette même épreuve sera répétée sur trois coulées différentes.

2° Faire une coulée-type, dans laquelle sera choisi un lingot, sur lequel seront pratiqués les essais qui vont être indiqués; reproduire six coulées dans le but d'arriver au même type; prendre un lingot dans chaque coulée, et arriver à reproduire aux essais les mêmes résultats que ceux obtenus sur le lingot provenant de la coulée-type.

Ces principes étant admis, voici comment les essais doivent être faits :

1° Les lingots, choisis suivant les deux ordres d'idées qui viennent d'êtres indiqués, sont laminés en rails suivant les procédés ordinaires : le type de rail adopté est celui de *Paris-Méditerranée à patin incliné pour changement de voies.*

2° Chaque rail est soumis à un *essai à la flexion* dans les conditions suivantes. Placé sur deux points d'appui, espacés de 1 mètre, le rail est soumis à la pression. On constate la *flèche sous la charge*, et les *flèches permanentes* après les charges enlevées.

(*) Extrait d'une note manuscrite fournie par la compagnie de Terre-Noire, à la date du 15 décembre 1865.

La presse hydraulique qui sert à faire ces épreuves est un instrument très-parfait, construit dans les ateliers de Graffenstaden ; la pression est donnée par trois pompes sur excentriques, et dans des condition telles qu'on est certain d'avoir la plus grande régularité.

3° Des morceaux de ces rails, d'une longueur de 2 mètres, sont ensuite soumis au choc, dans les conditions suivantes :

Le rail est placé sur deux points d'appui, espacés de $1^{m}.100$ de milieu en milieu; ces points d'appui reposent directement sur un bloc de fonte de 10.000 kilogrammes ; le mouton pèse 300 kilogrammes.

Les tableaux ci-joints donnent les résultats des épreuves faites comme il vient d'être dit.

TABLEAUX

DE SÉRIE D'ÉPREUVES.

(Voir pages 34 et 35.)

Première série d'épreuves.

Comparaison entre deux lingots d'une même coulée.

ÉPREUVES à la pression.	COULÉE N° 577. Lingot A. Flèche sous charge.	COULÉE N° 577. Lingot A. Flèche permanente.	COULÉE N° 577. Lingot B. Flèche sous charge.	COULÉE N° 577. Lingot B. Flèche permanente.	COULÉE N° 580. Lingot A. Flèche sous charge.	COULÉE N° 580. Lingot A. Flèche permanente.	COULÉE N° 580. Lingot B. Flèche sous charge.	COULÉE N° 580. Lingot B. Flèche permanente.	COULÉE N° 581. Lingot A. Flèche sous charge.	COULÉE N° 581. Lingot A. Flèche permanente.	COULÉE N° 581. Lingot B. Flèche sous charge.	COULÉE N° 581. Lingot B. Flèche permanente.
kil.	millim.	millim.	millim.	millim.	millim.	millim.	millim.	millim	millim.	millim	millim.	millim.
Pression de 15.000	1,7	0,05	1,7	0,05	1.8	0,1	1,8	0.0	1,5	0,0	1,9	0,0
— 20.000	2,2	0,1	2,2	0,1	2,2	0,1	2,2	0,0	2,0	0,0	2,1	0,0
— 25.000	3.0	0,4	2,8	0,3	2.7	0.2	2.8	0,1	2,6	0,1	2,6	0,1
— 30.000	5,2	1,9	4.7	1,9	3,5	0.5	3.6	0,6	3,2	0,2	3,4	0,3
— 35.000	10.8	7,5	8,9	5,3	5,8	2.3	6,0	2,5	5,3	1,6	4,8	1,1
— 40.000	15,8	11,9	16,8	12.6	10,5	6,4	11,3	7,2	9,8	5,5	9,4	5,2
	kil.	millim	kil.		kil.		kil.		kil.	millim.	kil.	millim.
Limite....	55,000	60	54,100	Rupture	56,500	Rupture	56,500	Rupture	61,500	60	62,000	58

ÉPREUVES au choc.	FLÈCHE après le choc.	FLÈCHE après le choc.	FLÈCHE après le choc.	FLÈCHE après le choc.	FLÈCHE après le choc.	FLÈCHE après le choc.
mèt.	millim.	millim.	millim.	millim.	millim.	millim.
Chute 1.500	5	5	4	5	4	4
— 1.750	11	10	10	10	9	9
— 2.000	19	19	16	17	15	14
— 2.250	27	27	25	24	23	23

Deuxième série d'épreuves.

Comparaison entre sept lingots de coulées différentes

ÉPREUVES à la pression.	COULÉE *type* N° 564.		COULÉE 582.		COULÉE 585.		COULÉE 586.		COULÉE 589.		COULÉE 590		COULÉE 591.	
	Flèche		Flèche		Flèche		Flèche		Flèche		Flèche		Flèche	
	sous charge.	permanente.	sous charge.	permanente.	sous charge.	permanente.	sous charge.	permanente.	sous charge.	permanente.	sous charge.	permanente.	sous charge.	permanente.
kil.	millim.	mill.	millim.	mill.	millim.	millim.	millim.	millim	millim.	mill.	millim.	mill.	millim.	mill.
15.000	1,6	0,1	1,7	0,1	1,8	0,1	1,8	0,1	1,9	0,1	1,6	0,0	1,7	0,0
20.000	2,2	0,2	2,2	0,2	2,2	0,2	2,3	0.1	2,4	0,2	2,1	0,1	2,1	0,1
25.000	3,5	1,1	2,9	0,3	3,3	0,7	2,9	0.3	3,2	0,4	3,2	0.8	2,8	0,3
30.000	11,2	8,5	4,7	1,0	7,2	3,9	5.1	1.8	5,6	2,2	11,6	8,5	5,0	1,9
35.000	23,6	21,0	10,0	6,4	16,2	12,1	11.4	7.6	15,2	11.2	25,0	21,3	12,4	8,7
40.000	40,6	36,1	18,6	14,0	29,0	24,1	20,8	16,5	26,8	22,5	45,0	40.4	22,7	18,2
	kil.	mill.	kil.	mill.	kil.		kil.		kil.	mill.	kil.	mill.	kil.	mill.
Limite..	50.000	80	59.000	63	50.200	Rupture	44.500	Rupture	54.000	70	49.500	74	56.200	65

ÉPREUVES au choc.	FLÈCHE après le choc.	FLÈCHE après le choc.	FLÈCHE après le choc.	FLÈCHE après le choc.	FLÈCHE après le choc.	FLÈCHE après le choc	FLÈCHE après le choc
millim	millim.	millim.	millim.	millim.	millim.	millim.	millim.
1.500	7	6	4	7	6	7	5
1.750	15	13	14	15	14	15	14
2,000	26	23	25	26	25	26	25
2.250	37	31	33	37	35	37	36

En examinant avec soin les deux tableaux, indiquant les résultats obtenus, on peut en tirer les conclusions suivantes.

1° La première série d'essais montre bien *l'identité pratique* de deux lingots pris au hasard dans une même coulée. La régularité des résultats est surtout remarquable jusqu'à la charge de 25 *tonnes* qui représente *à peu près la limite d'élasticité.*

On peut même dire qu'au delà de la limite d'élasticité les différences sont encore bien minimes eu égard aux charges supportées.

2° Cette série d'essais n'était pas faite pour démontrer l'identité des coulées; et cependant il est facile de constater déjà une régularité remarquable.

La coulée n° 581 est peut-être un peu plus dure que les autres, mais cela se traduit, jusqu'à la charge de 25 tonnes, par des *dixièmes de millimètre* dans la flèche permanente, et n'aurait certainement aucune influence dans la pratique.

3° La deuxième série nous paraît également indiquer *l'identité pratique* entre les six coulées, faites en vue de reproduire le type n° 564. Ce type est *un peu plus doux* que les trois coulées de la première série; cela avait été fait à dessein, et le résultat a bien été reproduit dans la limite du possible; les différences sur les flèches permanentes portent sur *des dixièmes de millimètre.* C'est seulement, comme pour la série précédente, lorsque la limite d'élasticité est dépassée, que les différences deviennent un peu plus grandes.

4° Les essais au choc présentent une régularité remarquable. Les résultats sont bien en harmonie avec ceux des essais à la pression. Les flèches constatées sous le choc font bien ressortir la régularité des lingots entre eux et montrent également les petites différences de nature. On remarque, par exemple, que la coulée n° 581 donne un métal un peu plus *roide* que les n°ˢ 577 et 580. Il est également facile de constater que les coulées de la 2ᵉ série sont *plus douces* en général que celles de la première.

Nous pensons donc pouvoir conclure que ces expériences ont donné les résultats demandés, et répondent à peu près aussi complétement que possible aux questions posées.

Nous ajouterons qu'on peut avoir toute sécurité dans la manière dont les épreuves ont été faites. M. Delom, ingénieur du réseau central d'Orléans, les a faites contradictoirement avec les ingénieurs de la compagnie de Terre-Noire.

L'exposition d'*Imphy* comprenait des pièces très-variées en acier Bessemer; la fabrication courante se compose de rails et de croisements de voie. J'ajouterai seulement que, depuis peu, on traite aussi de la fonte refondue au cubilot. C'est un progrès, à mon avis, car le métal change moins de nature qu'au réverbère.

Dans l'usine de MM. Petin-Gaudet, à *Assailly* près de Rive-de-Gier, fonctionnent deux convertisseurs de 7 tonnes chacun. La production mensuelle de l'établissement, en acier Bessemer, dépasse 500 tonnes et sera bientôt beaucoup plus forte, grâce à un troisième convertisseur de 9 tonnes que l'on doit y installer. La marche des appareils a pris une grande régularité. Ils occupent sept ouvriers spéciaux, et 15 à 20 manœuvres ou aides. On traite spécialement les fontes grises au coke produites à Givors, avec le minerai de Saint-Léon de l'ile de Sardaigne. Ce minerai renferme :

Protoxyde de fer	24,0
Peroxyde de fer	62,0
Oxyde de manganèse	0,8
Chaux et magnésie	traces.
Quartz	13,0
Soufre	0,2
Phosphore	0,0
Total	100,0

Il convient parfaitement pour la fabrication du métal Bessemer. Chaque opération dure, comme à l'ordinaire, 20 à 25 minutes ; le déchet par oxydation ne paraît pas dépasser 12 à 14 p. 100, et le produit marchand atteint largement 80 p. 100 en moyenne. Après l'addition de la fonte miroitante, et avant de verser le produit affiné dans le chaudron de coulée, on souffle de nouveau 2 à 3 secondes. La fonte miroitante vient, selon la nature du métal, soit du pays de Siegen, soit des hauts fourneaux mêmes de la compagnie Petin et Gaudet. La fusion des deux sortes de fonte se fait jusqu'à présent au réverbère. L'acier Bessemer tend à remplacer l'acier fondu ordinaire. On l'emploie déjà pour rails, ressorts, bandages, tôles, etc. Mais surtout, depuis quelque temps, pour un grand nombre de pièces coulées, telles que cages de laminoirs, roues dentées, pignons, etc., et en particulier, pour des pièces de canon de tout calibre. D'après le catalogue spécial de l'exposition Petin et Gaudet, l'usine d'Assailly a déjà fourni plus de 30 canons, dont plusieurs du poids de 10 à 16 tonnes. En octobre 1866, j'ai moi-même assisté à la coulée d'un pareil canon de 14 à 15 tonnes. On a fait marcher simultanément les deux convertisseurs, ou plutôt, à tour de rôle, au commencement, à cause de la faiblesse de la machine soufflante; puis, avant la coulée, on a réuni, dans le même chaudron, le produit des deux appareils. On a constaté ainsi que, quand le métal est bien chaud, on peut facilement le conserver 5 à 10 minutes en repos dans la cornue couchée, sans crainte de le voir se figer. Ce repos est même indispensable, dans le chaudron de coulée, si l'on veut des pièces tout à fait saines. M. Bessemer recommande, en effet, dans l'un de ses brevets, celui du 12 février 1856, de laisser *reposer* le métal, avant de le couler dans les moules, pour que les gaz puissent se dégager de la masse fondue. Il conseille aussi dans le même brevet, de couler les grosses pièces par ascension, ou de *source*. Ces préceptes sont suivies à Assailly. On coule les canons en acier par un siphon tangentiel, aboutissant à la base du moule, comme on le fait, pour les canons en fonte, à l'usine de Ruelle. L'acier fondu, lorsqu'il est bien chaud, peut être plus longtemps conservé fluide dans le chaudron de coulée, qu'on ne le suppose généralement. J'ai vu des coulées qui ont duré 10 minutes, depuis le moment du renversement de la cornue dans le chaudron jusqu'au remplissage du dernier moule. Ainsi le repos de la masse fondue, avant la coulée, est à recommander si l'on veut obtenir des lingots sans soufflures. Il convient aussi de couler plutôt un seul grand lingot que plusieurs petits. Les pièces de forge d'un faible poids s'obtiennent alors, en divisant le lingot à la tranche, au moment de l'étirage. Un autre moyen, que l'on peut aussi employer pour avoir des pièces coulées sans soufflures, consiste, d'après M. Bessemer lui-même, à mêler à l'acier, dans le chaudron de coulée, 1 p. 100 de fonte pure. Le manganèse et le silicium de la fonte absorbent alors complétement l'oxygène dissous et l'empêchent de réagir sur le carbone. Ce moyen a été employé avec succès en Suède et en Autriche. Mais la difficulté est d'avoir, dans ce cas, des produits parfaitement homogènes. Un dernier moyen, et le plus efficace pour faire disparaître toutes les soufflures, consiste à exercer une forte pression, sur le métal fondu, pendant l'acte de la solidification. M. Galy-Cazalat l'avait proposé, dans sa communication à l'Académie du 8 janvier 1866 (*Comptes rendus*, tom. LXII, p. 87); et MM. Revollier et Biétrix s'en servent à Saint-Étienne depuis quelques mois. Ils coulent, dans des moules en fer sous pression, des roues de wagon en acier Bessemer parfaitement saines. La pression atteint 5 à 600 atmosphères.

Appareils Bessemer en Angleterre. — Depuis deux ans, les appareils Bessemer se sont considérablement multipliés en Angleterre. En 1861, la production totale de l'acier de toute catégorie y était de 1.000 tonnes à peine par semaine, tandis que l'an dernier le seul acier Bessemer formait déjà un total hebdomadaire de 3.000 tonnes (*). Les principales usines, où fonctionnent des appareils Bessemer sont : à Sheffield, la forge de M. Brown et Cie (Atlas iron works) et celle de M. Camel et Cie (Cyclops iron works) ; la première est pourvue de plusieurs convertisseurs tenant 10 tonnes. A Liverpool, on peut citer, les *Mersey* forges, avec 2 cornues de 5^t; à *Crewe*, la grande usine du North-Western railway,

(*) Les renseignements sur l'Angleterre sont en partie extraits de deux mémoires manuscrits, de MM. les élèves ingénieurs Ichon et Michel Lévy, rédigés à la suite des voyages d'instruction de 1866.

avec 4 cornues de 5ᵗ·; dans le pays de Galles, les deux forges de *Dowlais* et *Ebbw-vale*, avec 12 cornues de 5ᵗ (6 dans chaque forge); dans le nord de l'Angleterre, la forge de *Tudhoë* et quelques autres à Manchester et dans le district des hématites du Cumberland.

Lorsque le produit est destiné à la fabrication des bandages, essieux, tôles, etc., on se sert à peu près exclusivement de fonte grise d'hématite, ou de fontes au bois de la Suède, du Canada, des Indes, etc. Vers la fin, l'on ajoute toujours, pour la recarburation, de la fonte blanche miroitante du pays de Siegen. Mais lorsque la fonte doit être affinée pour rails, on commence à ajouter au haut fourneau des minerais plus ordinaires. Ainsi à Dowlais, on charge, par tonne de fonte grise pour rails :

	1ᵗ,455	d'hématite quartzo-argileuse du Cumberland et du Lancashire.
et	0ᵗ,485	de minerai houiller grillé, choisi parmi les plus purs et les plus manganésifères.
Total. .	1ᵗ,940	

On marche à l'air chaud, avec des laitiers très-basiques, blancs-jaunâtres, pierreux et opaques. La fonte ainsi obtenue renferme :

4,00 à 4,50	pour 100	de carbone.
1,10 à 1,30	—	de silicium.
1,50 à 2,00	—	de manganèse.
Des traces.	. . . . .	de soufre.
Et moins de 0,1	—	de phosphore.

Cette fonte est traitée, dans l'appareil Bessemer, avec poids égal de fonte d'hématite, qui est peu manganésifère, très-peu sulfureuse, et renferme également au plus 0,001 de phosphore. Les deux fontes sont refondues ensemble, au réverbère, avec 6 p. 100 de déchet, et l'on met parfois, dans la cornue, jusqu'à 10 p. 100 de bouts de rails Bessemer, avant l'arrivée de la fonte en fusion. Ces bouts de rails sont chargés en même temps que le coke qui doit chauffer la cornue. L'opération elle-même dure 20 minutes. Le déchet est de 12 à 15 p. 100 en sus des 6 p. 100 dus à la refonte. Pour avoir une réaction moins vive, la fonte miroitante n'est mêlée au métal affiné que dans le chaudron de coulée. On y amène d'abord le métal affiné de la cornue, puis les 7 p. 100 de fonte pure. Il y a légère ébullition sous la couverte de scories, et, par le fait seul de cette ébullition, la matière paraît devenir homogène. On ne coule d'ailleurs que plusieurs minutes après l'addition de la fonte, et lorsque le bouillonnement a cessé. D'après le chimiste de l'usine de Dowlais, le lingot pour rails renfermerait

C.	0,15	pour 100
Si.	0,02	—
Ph.	0,09	—
S.	0,05	—
Mn.	0,25	—

On voit que c'est du fer *homogène* et non de l'acier, et que dans la cornue Bessemer, comme on le sait depuis longtemps, on ne peut éliminer ni le phosphore, ni le soufre de la fonte. Le métal devient *court* et *rouverin*, lorsque les teneurs en soufre et en phosphore atteignent 0,001. L'analyse que je viens de citer prouve aussi que le manganèse n'est pas complétement oxydé, lorsqu'on ne souffle plus après l'addition de la fonte miroitante. C'est un défaut, puisque le manganèse tend plutôt à diminuer la ténacité du fer. Mais cette manière de faire permet de réduire la dose de métal carburant de 10 à 7 ou 8 p. 100. D'autre part cependant on peut craindre que la réaction ne soit pas suffisante pour donner un mélange parfaitement homogène. M. Bessemer lui-même paraît le croire, car il a imaginé, dans ces derniers temps, un agitateur en fer, formé de deux larges palettes en hélice, garnies d'argile réfractaire, qu'il abaisse et fait tourner, dans le bain du chaudron, immédiatement après l'addition de la fonte. Ce moyen me semble compliqué et d'un emploi difficile. Si la réaction seule ne suffit pas pour opérer le mélange, le soufflage ordinaire, tel qu'il se pratique encore en France, est certainement préférable; cependant, en Allemagne aussi, dans plusieurs usines, on se contente de la réaction pour opérer le mélange. Observons ici que le bouillonnement, qui se produit à ce moment, prouve indirectement que le fer *brûlé* de la fin de l'opération contient bien de l'oxygène et non pas seulement de l'azote, car ce dernier gaz serait sans réaction sur la fonte que l'on ajoute.

Rappelons aussi que les fontes d'hématite ne sont pas, en général, en Angleterre, assez pures pour donner réellement de l'acier supérieur. On obtient plutôt un fer homogène, peu susceptible de prendre la trempe. Il en est autrement en Suède et en Autriche, où l'on affine des fontes manganésifères extra-pures. Malgré cela, le métal, obtenu avec les fontes d'hématite, convient parfaitement, à cause de son homogénéité et de sa grande ténacité, pour les bandages, les essieux, les pièces de machines, etc. Mais, à cause du soufre et du phosphore qu'elles renferment, on ne peut affiner pour métal homogène les fontes anglaises ordinaires. Il faut, dans ce cas, avoir recours au procédé d'épuration *double* de l'ingénieur Parry, que je ferai connaître à la fin de ce mémoire.

Parmi les usines anglaises, où le métal Bessemer a conquis sa place, il faut surtout citer celle de *Crewe*, du Great-North-Western railway. Elle est remarquable par les appareils nouveaux de cinglage et d'étirage, dont son habile directeur, M. Ramsbottom, l'a dotée. On y fabrique spécialement, en métal Bessemer, des rails et des bandages. La compagnie du Great-North-Western, doit même, à l'avenir, se servir exclusivement de rails Bessemer, après avoir constaté qu'ils durent dix à douze fois plus que les rails ordinaires(*).

(*) A la station de *Crewe*, les rails ordinaires devaient être

Disons quelques mots du mode de fabrication suivi à Crewe. On sait que le métal Bessemer possède déjà, à l'état de lingots, une ténacité très-grande ; c'est le motif pour lequel on préfère l'acier moulé aux pièces en fonte. Mais cette ténacité s'accroît notablement par le forgeage à chaud, qui modifie la densité, fait disparaître les soufflures et détruit la structure cristalline. Il faut donc travailler le métal Bessemer au marteau, ou au laminoir, dès que la forme de la pièce le comporte. C'est ainsi que l'on forge sur *mandrin* les canons en acier, coulés creux ou percés au marteau.

Les lingots se préparent, à Crewe, à la façon ordinaire, en se servant de cornues tenant 5 tonnes. Lorsqu'il s'agit de très-gros lingots, on a la précaution de les travailler immédiatement, tandis qu'ils sont encore chauds, afin de ménager le métal. En opérant ainsi, un court réchauffage suffit pour ramener l'extérieur à la température que possède encore le centre, tandis qu'un fort lingot froid peut difficilement être chauffé à *cœur* sans brûler la surface. Pour ces réchauffages, les fours Siemens sont aujourd'hui, en Angleterre, d'un emploi fréquent. A Crewe, les lingots pour rails, du poids de 230 à 250 kil., sont réchauffés debout dans un réverbère Siemens à sole tournante (*). Le four en renferme vingt; on les charge par une porte latérale, et on les sort par une pareille ouverture placée en face. Les lingots sont à moins de 0^{m},10 l'un de l'autre, et la sole accomplit sa rotation en 2 minutes. Les lingots pour rails étaient, à l'origine, soumis au marteau, avant de passer au laminoir. Aujourd'hui, à Crewe, pour hâter le travail et sans que le rail paraisse en souffrir beaucoup, on a supprimé le martelage. Le lingot réchauffé arrive directement au lami-

---

changés trois fois par an, tandis que des rails Bessemer y durent depuis trois ans sans déformation ; et à la station de Camdentown, un rail en acier Bessemer a mieux résisté que 12 rails successifs en fer.

(*) Brevet n° 114 du 13 janvier 1863.

noir ébaucheur. Celui-ci diffère des laminoirs anciens. Au lieu de cylindres complets, ce sont de simples secteurs cylindriques, fixés à l'aide de boulons sur de forts arbres en fonte ou fer, auxquels on imprime un mouvement de va-et-vient circulaire, soit à l'aide de crémaillères ou bielles, soit par renversement ordinaire. Ce sont les *cogging-mills* de M. Ramsbottom (laminoirs dentés ou oscillants) figurés Pl. I et II, *fig.* 1 à 4, d'après les brevets anglais n° 924 du 13 avril 1863, et n° 736 du 16 mars 1865 (*). On peut ainsi rapidement laminer dans les deux sens, ce qui est utile, surtout lorsqu'il s'agit d'étirer l'acier, pour lequel il faut des cannelures faiblement décroissantes et une température peu élevée. Pour perdre moins de temps, le transport des lingots, d'une cannelure à l'autre, se fait d'ailleurs sur un petit truck disposé à la façon du collamineur Cabrol. Le laminoir finisseur ne diffère pas des trains ordinaires, et marche à la vitesse de 80 à 100 tours par minute. Après une première chaude de 2 heures à 2 heures et demie, on passe six ou sept fois à l'ébaucheur; on réchauffe une demi-heure, puis viennent les 9 ou 10 cannelures du finisseur. Soit en tout 16 passages, tandis que les rails en fer n'exigent que 9 à 12 passages.

Les lingots pour bandages se massent toujours au marteau. Ils ont la forme d'un tronc de cône, dont la hauteur dépasse $0^m,50$. On martelle latéralement et dans le sens de l'axe, de façon à réduire l'épaisseur du disque, à moins de moitié. On perce ensuite le centre, et on augmente graduellement le diamètre intérieur, jusqu'à $0^m,50$. Il faut 4 réchauffages pour cela; puis l'on achève le bandage au laminoir vertical par bout (système Buddicom).

Le martelage des gros lingots se fait à Crewe à l'aide du

(*) Bessemer avait déjà pris un brevet le 31 mai 1856 (n° 1.290), pour une disposition presque identique. (Pour l'explication des planches, je renvoie à la légende qui termine le mémoire).

marteau *duplex* de M. Ramsbottom. C'est un marteau à deux têtes sans enclume. Lorsqu'on martelle un gros lingot en métal dur, le choc, ou du moins la compression, ne se transmet qu'à une distance faible. La zone directement frappée subit l'étirage, tandis que le centre du lingot demeure intact. Il n'y a plus homogénéité; la ténacité moyenne baisse. On atténue ce défaut en frappant les masses simultanément sur deux faces opposées. C'est le but du marteau double. Il se compose de deux blocs pourvus de galets et roulant en sens inverse sur rails. Ces deux blocs, de masse et de vitesse égales, viennent frapper simultanément le lingot placé entre deux sur un petit truck qui peut se mouvoir dans les trois sens, sous la main du forgeur, pendant l'intervalle des chocs. Le mouvement simultané s'obtient avec une machine verticale unique, placée en dessous et reliée aux marteaux par deux bielles obliques; ou bien, lorsque les marteaux sont très-lourds, par deux machines horizontales à traction, ou plutôt à poussée directe, pourvues d'une soupape d'admission unique. Dans ce dernier cas, les têtes des marteaux, comme dans les marteaux-pilons simples, sont liées directement aux tiges des pistons; ou bien, aux cylindres moteurs si les pistons sont fixes, ce qui augmente le poids des masses en mouvement. Des marteaux de ce genre marchent, avec avantage, depuis deux ans à Crewe. Ils sont figurés dans les mêmes brevets que les *cogging-mills*. On peut consulter, pour les détails, les figures et la légende de la Pl. V (*fig.* 1 à 4), représentant le système à machine motrice unique, et Pl. VI, *fig.* 6 et 7, le système à deux cylindres.

Lorsque les lingots ont des dimensions hors ligne, pour arbre de couche, un mètre carré de section par exemple, même les marteaux doubles n'empêchent pas l'étirage inégal. M. Bessemer se sert, dans ce cas, de la presse hydraulique à forger qui a déjà été employée, dans ce but, à Vienne, par l'ingénieur *Haswell*, et qui fut exposée à Londres en 1862. Une pression lente, mais forte, de mille atmosphères, agit mieux sur la partie interne de la masse que le choc instantané des marteaux. M. Bessemer a montré qu'un prisme chaud, en acier ou fer, placé debout sous la presse gonfle en son milieu, tandis que, sous le marteau double, il se renfle plutôt aux deux extrémités. Cette différence d'action est conforme aux résultats obtenus par M. Tresca, dans ses expériences sur la semi-fluidité des corps mous. Pour le détail des presses *Haswell* et Bessemer, on peut consulter les figures et légendes Pl. III (*fig.* 1) et IV (*fig.* 1 à 3).

Acier Bessemer en Suède. — En Suède, où M. Bessemer a obtenu ses premiers succès, le procédé nouveau ne s'est pas autant répandu qu'on devait l'espérer, d'après la nature exceptionnellement pure des matières premières. Le manque de capitaux et l'éparpillement des forges paraissent en être les principaux motifs. Les premiers appareils ont fonctionné à Edsken et à Sandviken, forges de la société dite de Högbo. On y fabriquait des bandages et diverses autres pièces de forges, soit à l'aide de l'appareil suédois fixe, soit en se servant de la cornue mobile. M. Luyt, dans son rapport sur l'exposition suédoise de 1866, parle d'une cornue de 5 tonnes marchant à trois opérations par jour. La production d'Edsken fut, en 1865, de 1200 tonnes, et celle de Sandviken de 3000 tonnes. Mais les deux usines ont dû s'arrêter, en 1866, par suite de difficultés financières. La fonte était fournie aux appareils directement par le haut fourneau. Deux autres usines, Siljansfors et Carlsdal, sont mentionnées par M. Luyt, comme se trouvant encore dans la période des essais. La première n'aurait fourni, en 1865, qu'environ 100 tonnes de métal Bessemer et la seconde 55. Les produits de la dernière figuraient aussi à l'exposition de 1867; mais c'est l'usine de Fagersta qui offrait les aciers les plus remarquables. J'ai indiqué les teneurs en carbone et les allongements des barres au moment de la rupture. En parcourant ces chiffres et *ceux* qui se rapportent à Siljansfors, on voit qu'en traitant les bonnes fontes de Suède, on peut obtenir réellement de l'acier fondu, et non pas seulement du fer homogène peu susceptible de prendre la trempe. On doit donc espérer que le procédé en question donnera un nouvel essor à la métallurgie suédoise. Mais, pour cela, il faudrait renoncer à l'appareil fixe, qui ne permet pas de procéder par voie de recarburation, à moins de se contenter du simple mélange dans le chaudron de coulée, qui ne saurait donner un produit rigoureusement homogène. Parmi les produits de l'usine de Fagersta, on remarquait aussi des scories de l'appareil Bessemer. Elles sont, en général, brunes et beaucoup moins riches en fer que les scories de puddlage. Voici la composition de la scorie de Fagersta, telle qu'elle est donnée par la notice de l'Exposition. Elle provient de la fin d'une opération :

		Oxygène contenu.
SiO^3	44,50	25,00
Al^2O^3	10,85	5,10
CaO	0,68	10,50
MgO	0,45	
MnO	24,55	
FeO	19,45	

L'excès de silice provient de l'argile du vase; mais cette circonstance n'explique pas la pauvreté de la scorie sous le rapport du fer, car s'il en était ainsi, celle-ci serait plus pauvre encore en manganèse, puisque les fontes suédoises n'en renferment pas une très-forte proportion. On doit plutôt en conclure qu'à la haute température où s'opère l'affinage, grâce au brassage énergique des matières, l'oxyde de fer doit constamment réagir sur les autres éléments de la fonte, sur le manganèse et le silicium d'abord, sur le carbone ensuite. La nature siliceuse de la scorie explique aussi pourquoi le phosphore ne peut être éliminé dans le procédé Bessemer, tandis qu'il l'est dans le puddlage et l'affinage au bas foyer. Pour que l'acide phosphorique puisse être retenu par les bases, il faut que la scorie soit basique et non siliceuse (*).

Acier Bessemer en Autriche. — Si le procédé Bessemer s'est peu répandu jusqu'à ce jour en Suède, il a pris par contre un rapide essor en Autriche, où les minerais spathiques des Alpes ont été de tout temps recherchés pour la fabrication de l'acier. Nous extrayons principalement les détails suivants du journal de Léoben, par M. Tunner, et des *Annales des mines* de Vienne. Les premiers appareils ont été installés à l'usine de *Turrach* (Styrie) en 1863, et à *Heft* (Carinthie) en 1864; puis, en 1864 et 1865, dans l'établissement impérial de *Neuberg* et dans la forge de *Grätz*, appartenant à la compagnie des chemins de fer du sud de l'Autriche. Enfin, en ce moment (1867), on l'installe à *Reschitza* en Hongrie et à *Wittkowitz* en Moravie. Cette dernière usine doit traiter des fontes au coke, prises directement à un haut-fourneau à poitrine fermée. M. Tunner parle enfin des usines de *Zöptau* (Moravie) et de *Zeltweg* (Styrie), où l'on se proposerait également de monter l'appareil nouveau. Dès l'année 1865, la production en acier Bessemer s'est élevée à 3,600 tonnes, dans les usines de Styrie et de Carinthie.

A *Turrach*, on a essayé concurremment l'appareil fixe et l'appareil mobile; mais on s'est décidé finalement pour ce dernier, afin de pouvoir ajouter de la fonte pure vers la fin, ce qui remédie au défaut connu sous le nom de métal *court*. L'appareil suédois est pourtant plus simple et moins coûteux, et les explosions y sont moins fortes. Ce sont les

(*) C'est à tort que M. Caron affirme qu'il n'existe aucun moyen d'enlever le phosphore à la fonte (*Comptes rendus* t. LVI, p. 828 et t. LVII, p. 167). En refondant de la fonte phosphorée, dans des creusets de terre, avec du manganèse ou des oxydes, on ne réussit pas à enlever le phosphore, parce que les oxydes métalliques y sont, comme dans l'appareil Bessemer, saturés par la silice des parois.

motifs qui l'ont fait conserver à Heft. On peut, d'ailleurs, comme je l'ai déjà dit, verser la fonte de recarburation dans le chaudron de coulée. On voyait à l'Exposition de beaux produits provenant de Turrach. On y fabrique surtout les nos 3, 4 et 5 de l'échelle Tunner. Les lingots tendres nos 6 et 7 sont plus bulleux que les autres. Pour la recarburation on se sert de la fonte même que l'on soumet à l'affinage.

L'usine de *Heft*, de la compagnie Rauscher, fond dans ses hauts fourneaux les fers spathiques du célèbre gîte de Hüttenberg. La fonte grise, préparée pour l'appareil Bessemer, renferme 4 à 5 p. 100 de manganèse, 1,50 à 2 p. 100 de silicium, des traces de soufre et 4 à 4,20 p. 100 de carbone, dont 3,5 de graphite. Les premiers fours fixes recevaient au maximum 1.500 kilog. Maintenant on traite par opération 3.000 à 3.500 kilog., dans un four de 1m,60 de diamètre intérieur sur 2m,45 de hauteur. Le nombre des tuyères est de vingt-trois, et le diamètre de chacune d'elles de 0m,018. Avec deux fours de ce genre, on compte produire, par année, 4.500 tonnes de lingots. La fonte, prise directement au haut fourneau, est versée dans l'appareil à l'aide d'un chaudron roulant sur rails. La durée des opérations varie de dix-huit à trente-cinq minutes, et la tension du vent oscille entre 0ath,8 et 1ath,2 en sus de la pression extérieure. On fait en moyenne trois charges par vingt-quatre heures; mais on a pu aller jusqu'à sept. Le nombre des ouvriers spéciaux est de huit par opération, payés à raison de 7 fr. par tonne de lingots obtenus. On opère, en général, sans addition de fonte. Le moment de la coulée, qui varie avec la dureté de l'acier à produire, se reconnaît surtout à l'apparence de la flamme et des étincelles qui s'échappent du gueulard. Dans les deux cent seize premières opérations de 1864, le rendement, en lingots proprement dits, fut de 58 p. 100 seulement; il s'est élevé à 72 p. 100 en 1865, a dépassé 81 p. 100 dans les mille trente-trois charges de 1866 et a même atteint 85 p. 100 vers la fin. Le déchet moyen par oxydation, en 1866, n'a pas dépassé 13 p. 100. Les 5 à 6 p. 100 restant se composent de coulures, carcasses de fonte ou d'acier, etc. (*). On prépare surtout des aciers peu carburés, les n°s 5 et 6 pour bandages, essieux et rails; jamais les n°s 1 et 2. J'ai donné ci-dessus p. 16, les teneurs en carbone. Le laminage des lingots se fait, à la forge de *Storé*, dans la basse Styrie, avec un déchet de 3 à 5 p. 100. D'après la notice de l'Exposition, le prix de vente des lingots Bessemer était, fin 1866, de 290 à 295 fr. la tonne; celui des fontes grises, servant à leur fabrication, était à la même époque de 135 à 140 fr.

D'après les tableaux officiels de l'année 1866, il a fallu changer en moyenne, par opération donnant 2^tonnes,4 de lingots d'acier, quatre tuyères en terre et vingt-cinq à trente briques réfractaires. La paroi intérieure du four suédois résiste rarement à plus de dix à douze charges. Pour le chauffage du four on consomme, par tonne de lingots, trois quarts de mètre cube de charbon de bois résineux, ou environ 100 kilog. On voit, en résumé, par l'expérience acquise à Heft, qu'une bonne fonte peut être affinée directement sans recarburation finale; néanmoins, lorsque la fonte n'est pas très-pure, il doit être difficile d'obtenir régulièrement, par ce procédé, de l'acier dur qui ne soit pas un peu aigre. Dans ce cas, il vaut certainement mieux prolonger l'affinage, puis recarburer le fer en dosant rigoureusement la fonte blanche manganésifère, ajoutée à cet effet vers la fin de l'opération.

A l'usine impériale de *Neuberg*, en Styrie, les appareils Bessemer ont été établis sous la haute direction de M. Tunner. On a essayé concurremment les deux systèmes; mais

(*) Rapport du directeur de l'usine, M. Münichsdorfer, Journal des mines de Vienne 1865 et notice distribuée à l'Exposition de Paris.

l'on renonça bientôt, comme à Turrach, au four suédois. Depuis la fin de l'année 1865 on prend la fonte directement au haut fourneau. On n'a conservé le réverbère, ou le cubilot, que pour l'essai des fontes étrangères.

On attache à Neuberg une très-grande importance à la classification en sept numéros de dureté. On prépare surtout les nos 4 à 7. On voyait à l'Exposition des tôles et essieux de locomotives en métal nos 7 et 6; des bandages en acier no 5; des limes et des lames de scie en no 4. Les lingots classés nos 6 et 7 présentent, dans les cassures, un grain gris brillant et quelques soufflures; les lingots plus durs, nos 5, 4 et 3, un grain plus compacte et plus fin. On a constaté à Neuberg, comme ailleurs, qu'une allure chaude, due au chauffage énergique de la cornue et à la température élevée de la fonte, contribue essentiellement au succès de l'opération. Pour la recarburation on puise directement au même haut fourneau. La fonte est assez pure pour ne pas exiger une autre matière. Mais, avant de couler, on laisse le mélange en repos pendant trois ou cinq minutes dans la cornue couchée; les gaz se dégagent et les lingots sont moins bulleux. Pour faciliter l'épuration de la fonte, on a essayé des additions de plomb et de litharge, mais sans obtenir des effets bien marqués. Les mêmes essais ont été faits à Turrach sans plus de succès. Dans les deux établissements, on a constaté, comme en Angleterre, que des fontes à 0,001 de phosphore, peuvent tout au plus fournir du métal peu carburé à rails; tandis que, pour le bon acier, il faut des fontes ne tenant pas au delà de 0,0004 de phosphore (*). D'après Frésénius, les fontes de Siegen iraient, sans trop d'inconvénients, jusqu'à la teneur de 0,0006 à 0,0007. Mais, en tout cas, il convient de rappeler qu'elles renferment comme correctif une plus forte proportion de manganèse, et qu'on les refond au réverbère, avant

(*) *Annales de Leoben*, t. XV, p. 300.

de les diriger dans l'appareil Bessemer, ce qui leur enlève nécessairement une partie du phosphore.

La direction de Neuberg a fait imprimer, pour l'exposition, un tableau d'analyses fort intéressant qui permet de suivre la transformation graduelle que subit la fonte dans l'appareil Bessemer. Les analyses ne sont peut-être pas rigoureusement exactes, mais comme elles s'accordent bien avec les faits observés ailleurs, il me paraît utile de les reproduire ici :

1° *Fonte et produits affinés.*

ÉLÉMENTS.	FONTE GRISE de Neuberg. (*a*)	MÉTAL pris après la période de la scorification (*b*)	MÉTAL pris vers la fin de l'ébullition. (*c*)	FER BRULÉ pris avant l'addition de la fonte. (*d*)	PRODUIT final. Acier doux n° 6. (*e*)
Graphite	3,180	»	»	»	»
Carbone combiné	0,750	2,465	0,949	0,087	0,234
Silicium	1,960	0,443	0,112	0,028	0,033
Phosphore	0,040	0,040	0,045	0,045	0,044
Soufre	0,018	traces.	traces.	traces.	traces.
Manganèse	3,460	1,645	0,429	0,113	0,139
Cuivre	0,085	0,091	0,095	0,120	0,105
Fer	90,507	95,316	98,370	99,607	99,445
	100,000	100,000	100,000	100,000	100,000

2° *Laitiers ou silicates correspondants.*

ÉLÉMENTS.	LAITIER du haut fourneau.	SCORIE prise après la période de la scorification	SCORIE prise vers la fin de l'ébullition.	SCORIE prise avant l'addition de la fonte.	SCORIE prise au moment de la coulée.
Silice	40.95	46.78	51,75	46,75	47,25
Alumine	8.70	4,65	2,98	2,80	3,45
Protoxyde de fer	0.60	6,78	5,50	16,86	15,43
— de manganèse	2,18	37,00	37,90	32,23	31,89
Chaux	30,35	2,98	1,76	1,19	1,23
Magnésie	16.32	1,53	0,45	0,52	0,61
Potasse	0.18	traces	traces	traces	traces
Soude	0,14	sensibles.	sensibles.	sensibles.	sensibles.
Soufre	0.34	0,04	traces.	traces.	traces.
Phosphore	0.01	0,03	0,02	0,01	0,01
	99.77	99,79	100,36	100.36	99.87

Ce tableau prouve nettement que le cuivre et le phosphore ne sont pas oxydés dans l'appareil Bessemer ; que le soufre semble disparaître lorsqu'il est en proportion très-faible ; qu'enfin le manganèse et surtout le silicium sont rapidement brûlés dès l'origine, tandis que le fer n'est oxydé d'une façon *permanente* qu'après le départ presque complet du silicium, du manganèse et du carbone.

On voit aussi, comme à Fagersta, par la proportion si élevée du manganèse dans les scories, que leur pauvreté en fer ne provient nullement de la corrosion des parois de la cornue, mais uniquement de la réaction fort énergique que l'oxyde de fer exerce constamment sur le silicium, le manganèse et le carbone de la fonte. On peut d'ailleurs calculer, d'une façon approximative, la proportion de fer définitivement oxydé, et montrer que l'air fait réellement défaut pour brûler beaucoup de fer.

Comme le manganèse de la scorie provient uniquement de la fonte, on peut évaluer le poids de cette scorie d'après sa teneur en oxyde de manganèse. En comparant les analyses des métaux (*a*) et (*d*), on voit qu'à un trentième près, tout le manganèse est oxydé ; qu'ainsi, sur 100 de fonte, 3,35 de manganèse ont dû passer dans la scorie. Or, comme la scorie (*d*) renferme 32,23 p. 100 d'oxyde de manganèse ou 18,02 p. 100 de manganèse métallique, il est évident que 100 kilog. de fonte ont dû donner $100 \times \frac{3,35}{18,02} = 18^k,5$ de scories (*d*) ; et comme d'autre part cette scorie ne renferme que 16,86 p. 100 de protoxyde de fer, ou 13,02 p. 100 de fer métallique, on voit que dans les $18^k,5$ de scories, il n'y a que $2^k,41$ de fer ; qu'ainsi la proportion de fer *réellement brûlé* ne dépasse pas 2,41 p. 100 du poids de la fonte. Le reste du déchet provient du carbone, du silicium et du manganèse, dont le poids réuni dépasse 9 p. 100, et des globules de fonte, projetés hors de la cornue par le vent.

Voyons maintenant quel est le poids d'air nécessaire pour achever l'affinage. Si nous admettons que l'oxydation du silicium, du manganèse et du carbone soit à peu près complète vers la fin de l'opération, ce qui s'éloigne peu de la réalité, d'après les résultats de l'analyse (*d*), on verra que, par 100 kilog. de fonte, il faudra :

	kilog.		kilog.	
Pour les	3,95	de carbone.	10,40	d'oxygène.
—	1,96	de silicium.	2,12	—
—	3,46	de manganèse. . . .	1,00	—
—	2,41	de fer.	0,71	—
		Total.	14,23	

ce qui correspond à $61^k,96$ d'air sec.

Pour une charge de 3.000 kilog., il faudra donc $1.858^k,8$ d'air ; et comme l'opération dure, à Neuberg, au plus vingt minutes, jusqu'à la période de la recarburation, on voit qu'en moyenne il faut, par minute, au moins $92^k,9$ d'air, ou environ 71 mètres cubes. Or, à l'usine de Grätz, où la cornue est dans les mêmes conditions qu'à Neuberg et destinée aussi à 3 tonnes, M. Castel arrive pour le vent au chiffre de 75 mètres cubes, en partant du volume engendré par les pistons soufflants et sans aucune défalcation pour les fuites (*). Mais comme ces fuites s'élèvent pour le moins à 10 p. 100 dans les meilleures machines soufflantes, on voit, en définitive, que l'appareil ne reçoit nul excès d'air, et que si le fer ne brûle pas, c'est tout simplement parce que l'air manque, et non parce que l'oxygène échapperait à la réaction.

J'ai supposé, il est vrai, dans le calcul précédent, que le carbone est transformé en acide carbonique, tandis qu'une partie se dégage probablement sous forme d'oxyde de carbone. Mais alors ce gaz doit déjà partiellement

(*) *Annales des mines*, 6e série, t. VIII, p. 153.

brûler dans la cornue même sous l'influence de l'air qui aurait échappé au métal.

Il est enfin aisé de conclure des analyses précédentes que presque la moitié de la silice des scories provient de la fonte, et qu'ainsi la cornue ne semble pas aussi fortement attaquée qu'on serait tenté de le croire au premier abord.

Les 100 kilog. de fonte ont fourni, aux 18k,5 de scories (*d*), 1k,95 de silicium, ou 4k,02 de silice. C'est 22 p. 100, tandis que la scorie en renferme 46,15 p. 100.

Ainsi 24,75 contre 22 proviennent de la cornue.

On connaît l'atelier Bessemer de *Grätz* par le mémoire de M. Castel (*). Les renseignements se rapportent au printemps de 1865. On y a installé, dès l'abord, des cornues mobiles pour 3 à 4 tonnes. La fonte est refondue au réverbère et provient surtout de l'usine de Mariazell. Vers la fin on ajoute 10 p. 100 de fonte miroitante. Je compléterai les renseignements, fournis par M. Castel, par ceux qu'a publiés M. Tunner, en 1866, d'après un rapport officiel du directeur pour l'année entière 1865 (**). On fabriquait surtout, à l'origine, de l'acier pour rails, ou pour couvertes de rails, de 0,004 de carbone. Plus tard on a fait aussi de l'acier pour bandages et même de l'acier plus dur n° 3. Ce dernier, d'après une analyse faite à Vienne, renferme :

Carbone	1,05
Silicium	0,05
Phosphore	traces.
Soufre	0,05
Manganèse	0,07
Cuivre	0,08
Fer	98,57
Total	99,85

Cet acier, forgé mais non trempé, s'est rompu à l'essai

(*) *Annales des mines*, 6e série t. VIII, p. 149.
(**) *Annales de Léoben*, t. XV, p. 312.

sous la charge de 74^k,5 par millimètre carré, après s'être allongé de 5 p. 100 seulement. L'acier très-doux, pour tôles de chaudières, provenant de la même usine, essayé à l'institut technique de Vienne, s'est rompu sous la charge de 52 à 58 kilogrammes, après un allongement de 14 à 21 p. 100. D'autres aciers, essayés comparativement dans le même établissement, ont donné les résultats suivants :

Le fer puddlé pour bandages de Neuberg s'est rompu sous la charge de.	39 kilog.
L'acier fondu doux pour chaudières de Petin et Gaudet.	53,5
L'acier fondu à ressort de Krupp.	96,5

D'après les renseignements officiels, publiés par M. Tunner avec autorisation du directeur, le rendement moyen en 1865 a été :

En lingots, de.	76,7	pour 100
En carcasses et coulures.	8	—
D'où, déchet proprement dit. . . .	15,3	—
Total.	100,0	

Mais dans les derniers trois mois, on est arrivé au chiffre de 80 p. 100 de lingots.

Le prix de revient moyen des lingots s'est élevé, en 1865, à 257 francs par tonne, sans les intérêts des capitaux et la prime pour le brevet, les fontes traitées valant 155 et 160 fr.

Le principaux éléments sont :

		fr.
Pour fonte.		210,55
Combustible. . .	Pour machine soufflante.	6,00
Lignite à	Pour chauffage des appareils.	12,00
25 fr. la tonne.	Pour fusion au réverbère.	56,80
Pour main-d'œuvre et direction.		19,75
(Il y a vingt ouvriers spéciaux, payés à raison de 60 francs par jour, sans compter les manœuvres.)		
Matériaux divers.		26,70
Total.		310,60
à déduire pour carcasses et coulures utilisées.		53,80
Prix de revient.		256,80 (*)

Ce prix de revient dépasse de 100 francs celui de la fonte; mais cet excès de prix serait au plus de 70 francs, si l'on prenait la fonte directement au haut fourneau. C'est à peu près le chiffre que j'indiquai, pour Woolwich, d'après M. Bessemer, dans mon premier mémoire de 1861 (*Annales des mines*, 5ᵉ série, t. XVII, p. 555). Mais il est évident que dans une foule de localités les conditions sont aujourd'hui plus favorables.

Appareils Bessemer en Belgique et en Allemagne. — La Belgique possède des appareils Bessemer à Seraing et à Ougrée. On en voyait quelques produits à l'Exposition; mais nous manquons de renseignements sur la nature des matières premières, et les conditions de la fabrication. En Prusse, le procédé Bessemer fonctionne à Hoerde, à Bochum et à Essen chez M. Krupp. On y affine surtout les fontes de Siegen et du duché de Nassau. L'usine de Hoerde a exposé, en acier Bessemer, des rails, des bandages et des essieux. On y rencontrait aussi des roues montées, pleines, dont le bandage en acier Bessemer est fixé, sur le plateau en fer, par soudage ou par emboîtement.

Bochum se contente jusqu'à présent d'appliquer l'acier

(*) C'est aussi, à l'usine de Grätz, le prix de revient des rails en fer, avec couvertes en métal Bessemer.

Bessemer à la fabrication des rails. Cette usine n'estime pas le produit suffisamment régulier pour en faire des essieux en toute sécurité. L'expérience des usines d'Autriche devrait cependant pleinement rassurer.

M. Krupp n'a rien exposé sous le nom d'acier Bessemer. La notice imprimée affirme que tous les produits ont été fondus au creuset. On sait cependant, malgré le mystère dont s'entoure M. Krupp, que plusieurs appareils Bessemer existent à Essen. Fonctionnent-ils ou non, et dans quelles conditions? Je ne saurais le dire. En tout cas, il paraît certain que les aciers supérieurs sont, comme ailleurs, obtenus au creuset, et que l'acier Bessemer lui-même est souvent refondu ainsi.

Un appareil d'essai vient d'être installé dans l'usine royale de Königshütte en Silésie. Les expériences auxquelles on s'y livre ne peuvent manquer de fournir d'utiles renseignements sur quelques points encore obscurs du nouveau mode d'affinage.

En Saxe, deux cornues de trois tonnes sont en activité à Marienhütte près de Zwickau. On y traite la fonte au coke de l'usine même, provenant des hématites rouges et brunes du pays. Les produits paraissent de qualité convenable.

Procédé Bessemer en Russie.—En Russie, le procédé Bessemer est installé, depuis le commencement de 1865, dans l'une des usines du prince Demidoff à Nischné-Taguilsk (*). On se sert de la cornue mobile, mais on a remplacé les nombreuses petites tuyères verticales par deux seules tuyères latérales, disposées à la manière de celles du four fixe suédois. Les tuyères ont $0^{m},04$ de diamètre et sont faiblement plongeantes; elles font, comme en Suède, un certain angle avec la normale, afin de provoquer un mouvement giratoire qui prolonge le parcours du vent au travers de la fonte.

(*) *Journal des mines d'Autriche* 1865, p. 406, (mémoire Tunner).

Les tuyères résistent à douze charges; elles sont garnies de tôles de fer à l'intérieur, ce qui permet de les nettoyer sans les ébrécher. C'est un avantage réel, car, dans les cornues anglaises, les tuyères ordinaires résistent beaucoup moins. M. Tunner voit d'ailleurs, dans ce système des grandes tuyères, la possibilité d'une prise d'essai, à la baguette polie, comme dans l'affinage du cuivre brut (*). La charge ordinaire est à Taguilsk de 1750 à 1800 kilogrammes, et, d'après les renseignements fournis par le directeur de l'usine, les résultats obtenus seraient des plus satisfaisants.

Appareils Bessemer en Italie. — En Italie, les premiers essais furent entrepris, sur une petite échelle, en 1860, par M. Ponsard, directeur de Folonica; puis, en 1862, à

(*) Le mode d'essai, proposé par M. Tunner, est pratiqué, depuis peu, dans plusieurs usines allemandes. M. Douvillé, élève ingénieur des mines, l'a vu employé l'été dernier (1867) à Grätz, Neuberg et Zwickau. Lorsqu'on veut prendre un essai, on couche la cornue ordinaire, comme pour la réception de la fonte recarburante et l'on arrête le vent. A l'aide d'une baguette polie ou d'une spadelle plus large, on prend par attachement, un dé ou une plaquette de scorie qui se fige immédiatement. Son apparence est celle de l'émail. Aussi longtemps que ce métal n'est pas arrivé à l'état de fer brûlé, l'émail est brun marron clair, à la surface supérieure, et d'une teinte olive pâle, presque blanche, dans la cassure. A mesure que l'opération avance et que l'action réductive du carbone de la fonte est moins énergique, les deux teintes deviennent plus foncées. Lorsque le fer est brûlé, l'émail est presque noir à la surface et tourne au vert-clair dans la cassure. C'est alors le moment de percer la fonte recarburante, et on en ajoute plus ou moins, selon le numéro de dureté que l'on désire obtenir. Ou bien, si l'on veut maintenir invariable la proportion de fonte à ajouter, on la perce, plus ou moins tôt, en se réglant sur les nuances, plus ou moins foncées, que je viens de mentionner. Le premier mode est au reste plus sûr et donne certainement des produits plus fixes. Je recommande ce mode d'essai aux mines françaises. Voici la teneur en silice des deux scories extrêmes rapportées d'Allemagne par M. Douvillé. La scorie brun clair a donné 53 p. 100 de silice, la scorie de nuance foncée 49 p. 100. Ces résultats s'accordent avec les analyses de Neuberg, citées plus haut. La nuance foncée correspond à la scorie (*d*) et provient de ce que celle-ci contient trois fois plus de fer que les scories (*b*) et (*c*).

Sheffield même, sous les yeux d'une commission d'ingénieurs italiens (*). M. de Cizancourt a fait connaître, dans les *Annales des mines*, le rapport de ladite commission (**). Je n'y reviens pas; mais j'ajouterai qu'à la suite de ces essais un atelier Bessemer a été établi, par M. Ponsard, à Piombino. Quelques produits, qui en proviennent, figuraient à l'exposition.

Appareils Bessemer en Amérique. — Enfin, disons encore, que le procédé Bessemer a aussi pris racine en Amérique, aux États-Unis. Les excellents minerais du lac Supérieur donnent spécialement des fontes à acier.

Telle est, en résumé, la situation actuelle de la fabrication de l'acier par le procédé Bessemer. Voyons maintenant ce qui lui manque encore.

Défauts du procédé Bessemer. — Moyens d'y remédier.

Le défaut de cet affinage est de ne pouvoir s'appliquer aux fontes sulfureuses et phosphoreuses. L'opération marche trop vite, la température est trop élevée, les scories sont trop siliceuses pour que le soufre et le phosphore puissent être éliminés. Que faut-il donc faire pour se débarrasser de ces substances?

M. le professeur Wedding propose, dans son mémoire (***), de chasser les scories hors de l'appareil par l'action du vent, avant la fin de la réaction décarburante. Mais on ne pourra jamais enlever ces scories complétement, et si elles sont siliceuses, l'acide phosphorique ne saurait s'y maintenir. Il vaudrait mieux expulser le phosphore par une sorte de mazéage pratiqué à part, soit au réverbère, soit au bas-foyer. Seulement, comme le silicium est oxydé en même temps,

(*) *Industria del ferro in Italia. Torino* 1864, p. 386.
(**) *Annales des mines*, 6e série, t. IV, p. 231.
(***) *Journal des mines de Prusse*, t. II, et *Journal des mines d'Autriche*, t. XV.

la première période de l'affinage Bessemer s'en trouvera raccourcie; par suite, la température du métal sera plus faible. Il pourra en résulter des engorgements ou des explosions. Pour avoir une allure plus chaude, il faudrait donc finer la fonte à une très-haute température, dans un four Siemens, avec des additions de chaux et d'oxyde de manganèse, puis conduire le fine-métal directement de ce four à la cornue Bessemer. Ou bien, on pourrait aussi traiter d'abord, dans l'appareil Bessemer, une certaine quantité de fonte non phosphoreuse et n'y ajouter la fonte phosphoreuse finée que peu avant l'instant où doit commencer la période de réaction. Néanmoins, on ne pourra jamais réaliser ainsi une épuration complète. Le métal produit sera de qualité ordinaire; et, en tous cas, on devra plutôt préparer du fer doux homogène que de l'acier proprement dit. Mais, à dose égale de phosphore et de carbone, ce fer doux fondu sera pourtant plus tenace, à cause de son homogénéité même, que le fer puddlé ordinaire soudé et corroyé. On peut donc espérer qu'on parviendra aussi à affiner un jour les fontes ordinaires par voie de fusion. En tout cas, on peut y parvenir par le procédé Parry, que j'ai déjà mentionné, et sur lequel j'aurai bientôt à revenir.

Diverses personnes ont espéré obtenir l'expulsion du soufre et du phosphore par l'hydrogène. Les hydrogènes sulfurés et phosphorés sont peu stables à la température ordinaire, et, *à priori*, il semble qu'ils ne puissent se former en présence du fer. Mais aux températures élevées les réactions sont souvent très-différentes, et deux corps volatils resteront plutôt liés entre eux au rouge blanc qu'un élément volatil et un élément fixe, tels que le phosphore d'une part, le fer de l'autre. Ainsi on sait que la vapeur d'eau, en passant au rouge sur la pyrite de fer, dégage de l'hydrogène sulfuré. La réaction se produit même lorsque le soufre est uni au fer en très-faible dose. M. Boussingault a constaté, en effet, qu'en faisant passer de la vapeur d'eau sur de l'acier fondu, il se produit de l'hydrogène sulfuré et un peu d'ammoniaque, et M. Bouis a observé la même réaction en se servant d'hydrogène isolé (*).

D'autre part, M. Minary assure qu'il se dégage de l'hydrogène phosphoré, lorsqu'on calcine un mélange de houille menue et de scories de forges sensiblement phosphoreuses.

C'est cette double réaction que M. Galy-Cazalat a cherché à appliquer, en faisant passer de la vapeur surchauffée au travers de la fonte en fusion dans un réverbère ; malheureusement l'effet réfrigérant de la vapeur est tel qu'il est impossible de maintenir longtemps, dans ces conditions, le métal en fusion.

M. Bessemer, dans ses nombreux essais d'affinage, a également expérimenté l'action de divers gaz sur la fonte en fusion. Son premier brevet (**) mentionne déjà l'injection de l'air et de la vapeur d'eau, mélangés entre eux, ou pris isolément. Il opérait dans un creuset, placé dans un four à vent, et y amenait l'air et la vapeur d'eau à l'aide d'un tube en argile réfractaire. Gilbert-Martien de Newark (Amérique) l'avait même précédé dans cette voie. Dès le 15 septembre 1855, Martien avait demandé, en Angleterre, un brevet pour *purifier* la fonte fluide à l'aide du vent ou de la vapeur d'eau. Dans son second brevet n° 2768, demandé le 7 décembre 1855, Bessemer propose l'emploi de l'air *chaud* et ne fait agir la vapeur d'eau qu'à l'*origine*, afin d'expulser le *soufre*. Il avait précisément constaté, depuis la demande de son premier brevet, que la vapeur refroidit la fonte, tandis que l'air la réchauffe. Il propose aussi l'injection de matières charbonneuses, et reconnaît, du reste, dans ce brevet, qu'on a déjà avant lui essayé l'action de l'air et de la vapeur d'eau sur la fonte des fours à puddler.

(*) *Comptes rendus*, t. LII, p. 1.008 et 1.009.
(**) Brevet anglais n° 2.321 demandé le 17 octobre 1855.

Le 15 mars 1856, dans un troisième brevet, portant le n° 630, Bessemer mentionne l'oxyde de fer comme agent oxydant, et l'hydrogène carboné comme agent réductif. Il injecte ce dernier *vers la fin*, pour enlever un peu d'oxygène qui reste uni au fer. Il avait constaté que le fer devient *court* par l'action trop prolongée du vent.

Dans le brevet n° 1958 du 19 août 1856, Bessemer essaye d'amoindrir le déchet par un courant d'oxyde de carbone (*) et de chasser le *soufre* et le *phosphore* par l'injection de gaz *hydrogénés*. On voit, qu'à l'origine, Bessemer avait surtout en vue *l'épuration* des fontes ordinaires, mais il a dû reconnaître les difficultés pratiques ou l'inefficacité des réactifs, car on sait qu'il reconnût lui-même l'impossibilité d'affiner par son procédé les fontes phosphoreuses et sulfureuses; et, au fait, ses deux brevets définitifs (le n° 578 du 1er mars 1860 et le n° 56 du 8 janvier 1862) ne parlent plus que de l'injection de *l'air*.

En tout cas, la difficulté principale, même en se servant de gaz déjà formés et non de vapeur d'eau, sera toujours de maintenir la fonte longtemps en fusion, et plus encore le métal déjà à demi décarburé. Tandis que l'air, même employé froid, réchauffe le fer, les gaz hydrogénés, et surtout la vapeur d'eau même fortement surchauffée, produiront toujours l'effet opposé.

Procédé Bérard.

M. Bérard a cherché à surmonter la difficulté majeure dont je viens de parler. Il se sert d'un four à réverbère double, chauffé au gaz, où la fonte est tour à tour labourée par le vent et des gaz hydrocarburés chauds. Le vent oxyde

(*) M. de Cizancourt propose aussi d'essayer l'insufflation de l'oxyde de carbone vers la fin de l'affinage Bessemer. *Annales des mines*, 6e série, t. IV, p. 292.

et réchauffe, tandis que l'hydrogène doit enlever le soufre et le phosphore. Les premières expériences ont été faites à Decazeville, il y a deux ou trois ans, puis un appareil plus grand a été établi, l'hiver dernier, à l'usine de Montataire. L'appareil se compose de deux fours à réverbère accolés, chauffés chacun au gaz d'un générateur. L'air chaud et le gaz arrivent à la façon ordinaire. par une double batterie de tuyères à chalumeau (Pl. VI, *fig.* 1 et 2). Entre les deux fours se trouve un compartiment rempli de coke incandescent, ayant la même largeur que les fours et séparé de chacun d'eux par un petit mur en briques à jour. La sole des fours est formée d'une caisse en tôle forte, portée par un chariot en fer, comme les coupelles anglaises pour l'affinage des plombs d'œuvre. La caisse est garnie à l'intérieur de brasque battue argilo-charbonneuse.

Le gaz, qui doit chauffer le double four, arrive alternativement par l'une ou l'autre batterie. S'il est fourni par la batterie de droite, les produits de la combustion se rendront au four de gauche et de là à la cheminée, en passant au travers du compartiment à coke incandescent. Là, l'acide carbonique se transforme en oxyde de carbone, en sorte que l'atmosphère gazeuse du four de gauche sera plus réductive et moins chaude que celle du four de droite. Lorsque la différence de température des deux fours devient trop grande, on change le sens du courant gazeux, en sorte que chaque four reçoit tour à tour un courant de gaz chauds en combustion et de gaz rendus réducteurs. Les deux soles sont chargées de fonte. A Montataire, les charges sont de 600 kilogrammes par bassin de 1 mètre de côté, en sorte que le bain de fonte a $0^{m},10$ de profondeur. Dans chaque bain plongent deux tuyères inclinées à 45 degrés, disposées comme celles des fineries anglaises, si ce n'est qu'elles sont toutes deux placées dans la même face du four. Elles sont en terre réfractaire et peuvent être immergées ou retirées séparément, à l'aide d'une crémaillère.

Chacune d'elles se compose d'ailleurs de plusieurs buses parallèles, faisant corps les unes avec les autres. On souffle ainsi tour à tour, par l'une des tuyères, du vent chaud, par l'autre, des gaz hydrogénés. Ceux-ci se préparent dans une sorte de cubilot, chargé de houille et soufflé par un mélange d'air et de vapeur d'eau. Les gaz produits se composent donc en réalité d'azote, d'oxyde de carbone et d'hydrogène plus ou moins carburé. On les conduit dans un gazomètre, d'où une machine soufflante spéciale vient les aspirer pour les lancer, au travers d'un calorifère, dans le bain de fonte. Le gaz du générateur est de plus désulfuré, par la chaux, comme le gaz des villes. En résumé, celui des deux fours, où se produit la combustion, reçoit en même temps le courant d'air plongeant, tandis que l'autre, dont l'atmosphère est réductive, reçoit par ses buses le gaz hydrogéné. On affine ainsi simultanément deux charges, ou plutôt, on les soumet alternativement à l'action de l'air et des gaz réducteurs; en sorte que si ces derniers enlèvent réellement le soufre et le phosphore, il doit être possible d'affiner, par ce procédé, des fontes moins pures que celles que l'on traite dans l'appareil Bessemer.

Malheureusement l'essai n'a pu encore être réalisé d'une façon complète. Les deux machines soufflantes ne sont pas assez puissantes, à Montataire, pour que l'on puisse injecter à la fois l'air et les gaz hydrocarburés. Il a fallu se borner jusqu'à présent à l'affinage ordinaire par l'air, en laissant tour à tour reposer l'un des bains pendant quelques minutes.

L'opération, ainsi conduite, diffère alors peu du travail pratiqué dans la cornue Bessemer, et au fond on obtient des produits à peu près identiques. La coulée se fait par une percée ordinaire, dans la paroi opposée à celle des tuyères, et l'acier est reçu dans un chaudron distributeur, semblable à celui des usines Bessemer. L'affinage proprement dit dure en moyenne à peu près une demi-heure.

Quel sera l'avenir de la méthode Bérard? nul ne saurait encore le dire. La question de l'épuration par les gaz hydrogénés demeure entière. On doit louer la persévérance de l'ingénieur inventeur, et désirer le succès dans l'intérêt de tous. Obtenir de l'acier fondu ou du fer homogène avec les minerais ordinaires serait un progrès immense; car les minerais purs sont relativement rares. Mais, pour réussir, il faudrait simplifier l'appareil. Je ne vois pas l'utilité du double four ni celle de l'atmosphère réductive, pendant la période d'insufflation des gaz hydrocarburés. L'atmosphère réductive agit sur les scories et doit faire rentrer dans le métal les substances oxydées étrangères que l'on cherche à éliminer. Un simple four, chauffé au besoin par un régénérateur Siemens, me semblerait préférable. On injecterait tour à tour de l'air pour oxyder et du gaz pour épurer, mais la durée de l'injection du gaz devrait relativement être très-courte à cause de son action réfrigérante. L'oxyde de carbone et les hydrocarbures opéreraient une recarburation partielle du fer, tandis que l'hydrogène enlèverait le phosphore et le soufre. Reste à savoir, comme je l'ai dit en commençant, si cette dernière réaction se produit réellement.

Affinage par réaction.

La fabrication de l'acier par *réaction* est connue depuis longtemps.

Réaumur, dans son remarquable traité de l'art de convertir le fer en acier, publié en 1722, dit, à la page 250 : « que le fer doux est transformé en acier, lorsqu'on le tient « immergé pendant quelque temps dans la fonte fondue; » et il ajoute que « ce procédé de faire de l'acier est en usage « dans quelques contrées et se trouve déjà décrit par « *Vanaccio* dans sa pyrotechnie, liv. I, chap. 7. » A la page 256, Réaumur ajoute, que l'on peut aussi préparer de l'acier « en fondant de la ferraille dans de la fonte, » et qu'il a obtenu de l'acier de *forge* en mêlant ainsi à la fonte, tantôt un quart, tantôt un tiers de fer.

Au lieu de fer, on peut se servir d'*oxyde de fer*, et ce procédé aussi est déjà en germe dans le traité de Réaumur, lorsqu'il dit (page 472) que la fonte est adoucie par le *safran de mars*. Après lui, *Chalut* et *Clouet* se sont livrés à des essais analogues. En 1798, ce dernier dit positivement que l'on obtient du fer ou de l'acier fondu, en refondant la fonte avec de l'oxyde de fer (*) : c'est du fer doux, en prenant 1/4 d'oxyde de fer; de l'acier, en en prenant moins. Plus tard, *Mushet* prend un brevet pour ce même mode de fabrication (**). Enfin le capitaine *Uchatius* fait réagir à la fois, sur la fonte, le fer doux et l'oxyde de fer. Ce dernier procédé fait l'objet d'un rapport officiel de MM. *Combes*, *Levallois* et *Thirria* (***), et a été décrit d'une façon plus complète par *Hartmann*, dans ses progrès de la métallurgie (****).

Voici les mélanges employés, d'après Hartmann :

	Pour acier dur.	Pour acier demi-dur.	Pour acier doux ou fer homogène
	kilog.	kilog.	kilog.
Fonte granulée	1.000	1.000	1.000
Fer spathique ou oxyde de fer	250	250	250
Peroxyde de manganèse	15	15	15
Fer doux		125	200

La fusion s'opérait dans des creusets, comme dans les aciéries ordinaires.

En se servant d'oxyde de fer, il se produit un véritable affinage, tandis qu'en mêlant le fer et la fonte, il y a simple

(*) *Journal des mines*, t. IX, p. 8.
(**) Hassenfratz, t. IV, p. 91; et t. IX, du *Philos. Magaz.*
(***) *Annales des mines*, t. VIII, 473.
(****) *Progrès de la métallurgie*, t. I, année 1858.

partage du carbone et des matières étrangères; par suite, dans ce dernier cas, la pureté du produit dépend uniquement de celle des métaux eux-mêmes. Cependant, même alors, il y a affinage et oxydation partielle. D'après les expériences de M. H. Sainte-Claire-Deville, les gaz des foyers pénètrent dans les creusets et agissent comme oxydants. Dans la pratique, on se rapproche d'ailleurs, en réalité, des procédés Clouet et Uchatius, en ajoutant, au mélange des deux métaux, une certaine dose d'oxyde de manganèse. Ce procédé de fabrication est beaucoup plus répandu qu'on ne le suppose généralement. Depuis nombre d'années, la plupart des grands fabricants d'acier fondu préparent l'acier ordinaire par ce mode de réaction. Krupp en Allemagne, Vickers et Naylor à Sheffield, plusieurs des fabricants de la Loire s'en servent couramment depuis vingt à trente ans. Je rappellerai simplement ici l'acier Trinquet, fabriqué dès 1846, à Saint-Étienne, par ce moyen (p. 219). On ne fond l'acier cémenté que pour obtenir les qualités supérieures.

La fabrication de l'acier fondu par réaction a été étudiée méthodiquement, vers 1860, par le commandant d'artillerie *Alexandre* (*). Il a essayé successivement, dans de grands creusets, des mélanges de fonte et de fer doux, de fonte et de limaille (ou tournures) de fonte, en partie oxydée par exposition prolongée à l'air, enfin de tournures et de limailles brutes avec tournures et limailles oxydées. Les tournures et limailles provenaient à peu près toutes des ateliers de la marine impériale.

1° *Fonte et fer.* — On a mêlé successivement 5 de fer avec 0,1, 0,2, etc., jusqu'à 2 de fonte.

(*) Brevet du 29 novembre 1860 et rapport manuscrit. Dans la plupart des essais, on ajoutait, comme épuratif, une faible dose de carbonate d'ammoniaque. Addition fort inoffensive, très-probablement, à cause de sa volatilité, à moins que l'ammoniaque n'intervienne réellement, d'une façon utile, par son hydrogène.

Jusqu'à 0,4 de fonte, on obtient du fer homogène et des aciers doux.

Depuis 0,5 de fonte, le métal se coule sans soufflures et devient mi-dur, puis dur.

On peut aller sans inconvénient jusqu'à la proportion de 5 de fer pour 1 de fonte, en opérant dans des creusets fermés. La qualité du produit dépend, bien entendu, de la pureté des matières premières.

On a fait des essais avec de la fonte au bois de Ruelle, et de la fonte douce de Glasgow. Cette dernière, on pouvait le prévoir, ne convient guère. L'acier est court.

2° *Fonte en morceaux et limaille oxydée.* — En associant 5 de limaille oxydée avec 0,5 à 1 de fonte, on a de l'acier doux; 2 de fonte donnent de l'acier dur; et 5 de fonte, de l'acier extra-dur difficile à forger. A cause de la rouille, il se produit un déchet de 8 à 10 p. 100 et une scorie vitreuse qui couvre le bain.

3° *Fonte en limaille et limaille oxydée.* — En remplaçant la fonte en morceaux, par de la limaille fraîche, le produit devient moins dur comme on pouvait s'y attendre.

L'acier reste *doux*, tant que, pour 5 de limaille oxydée, on n'atteint pas 2 de limaille fraîche. On a de l'acier *dur*, dès que, pour 5 de limaille oxydée, on prend 3 à 4 de limaille ordinaire. Au delà, la ténacité diminue et lorsqu'on arrive à 6 de limaille brute, l'acier fondu devient un peu court. Enfin à 9 ou 10 de limaille non oxydée, il se produit une sorte de fonte mazée, ou d'acier sauvage, qui peut cependant se forger encore légèrement. Le déchet et les scories atteignent 10 à 12 p. 100.

Les aciers, provenant de limailles oxydées, ont plus de corps que ceux que l'on obtient à l'aide d'un simple mélange de fonte et fer. Cela prouve l'utilité de l'oxyde de fer, lorsqu'on opère en vases complétement clos. Ainsi, à défaut d'air, pour oxyder les éléments étrangers, on peut avoir recours aux oxydes de fer et de manganèse.

La plupart des faits que je viens de rapporter furent, au reste, constatés déjà, après Réaumur et Clouet, par Mushet, Hassenfratz, Bréant, William Vickers, etc. ; aussi vais-je entrer à ce sujet dans quelques détails nouveaux, afin de compléter l'historique de ces procédés, et montrer comment on en est venu à substituer, depuis peu, le réverbère aux creusets.

Hassenfratz décrit, d'après Vandenbroeck, inspecteur de l'École des mines de la Sarre, deux fourneaux qui étaient employés, dès avant 1812, en Angleterre, pour la préparation de l'acier fondu par voie de réaction (*).

Le premier est un four à galères, pour quatre creusets, chauffé à la houille. On y fond le mélange de fontes, riblons, rognures, batittures, etc. Le second est un réverbère ordinaire recevant ce même mélange. Je cite textuellement, pour qu'il ne reste aucun doute sur le mode de fabrication pratiqué, dès cette époque, en Angleterre, sinon d'une façon suivie, au moins à titre d'essai.

§ 1124. « On fond le mélange, destiné à faire l'acier, « dans des fourneaux à réverbère ordinaires, dans lesquels « on a pratiqué une espèce de creuset dans la partie infé- « rieure ; le métal placé sur l'autel s'échauffe, fond et coule « dans le creuset où il s'accumule ; la fonte se couvre de « scories, tant de celles qui étaient contenues dans la fonte, « que de celles qui sont formées par la fusion d'une partie « des verres terreux qui coulent de la sole. Si les scories « suffisent, on laisse le bain en repos, tant qu'on voit bouil- « lonner leur surface et le gaz oxyde carboneux se dé- « gager sous forme de flamme violette. Lorsque le bouil- « lonnement cesse, on introduit un morceau de bois vert « dans le bain, et l'on brasse le métal liquide par-dessous « les scories, afin de faciliter la séparation de celles qui « sont restées dans la fonte et qui adhèrent au métal.

(*) Hassenfratz, *Sidérotechnie*, t. IV, p. 93 à 95 (année 1812).

« Aussitôt que la fonte commence à s'affiner, l'ouvrier « principal introduit une petite cuiller dans le bain pour « puiser, par-dessous les scories, un peu de fonte; il la « coule dans une lingotière d'épreuve et l'essaye à la forge; « il continue à lever des essais, jusqu'à ce que celui qu'il « tire puisse se forger. Alors il examine le grain de son « acier; s'il est trop doux, l'ouvrier jette dans le bain des « barreaux d'acier trop cémentés, pour lui donner du car- « bone, sans altérer son affinage; s'il est trop dur, il y « jette des rognures de fer et quelquefois même de la fer- « raille, pour étendre le carbone dans une plus grande « masse, ou en brûler une partie; alors il retire les scories « et coule dans les moules l'acier fondu que l'on forge en- « suite pour le verser dans le commerce. »

On voit, par ce qui précède, que la fabrication directe de l'acier fondu au réverbère était tout au moins connu *en principe* dès 1812. Mais le procédé ne paraît pas alors s'être répandu, ni en Angleterre, ni ailleurs. La difficulté de produire régulièrement la température voulue et surtout, je le présume du moins, la qualité inférieure de l'acier produit, résultant de l'emploi de fontes ordinaires, ont dû amener l'abandon et même, jusqu'à un certain point, l'oubli complet de la méthode.

Plus tard, en 1824, nous voyons cependant Bréant revenir sur la même idée (*). Après avoir constaté au creuset que « 100 parties de limaille de fonte très-grise et 100 par- « ties de pareille limaille, préalablement oxydée, ont pro- « duit un acier d'un beau damassé. » Il ajoute : « les « fontes les plus noires réussissent le mieux. Je suis con- « vaincu qu'avec de semblables fontes on pourrait fabriquer « très en grand de l'acier fondu dans des fourneaux à ré- « verbère, en suivant un procédé analogue à celui de l'épu- « ration du métal de cloches, c'est-à-dire en ajoutant au

(*) *Annales des mines* 1824, t. IX, p. 326.

« métal en fusion une partie du même métal oxydé, ou « mieux encore de l'oxyde de fer naturel. »

Après cela, et pendant vingt ans, le four à réverbère semble oublié. Il en est de nouveau fait mention, en 1845, et dans des termes qui diffèrent peu de ceux qu'emploie Hassenfratz. Le 4 août 1845, Josiah Marshall Heath, réclame, en Angleterre, sous le n° 10798, un brevet pour la fabrication de l'acier fondu par réaction, dans un réverbère chauffé au gaz oxyde de carbone (*).

La fonte est prise directement au haut fourneau ou bien refondue, soit dans un réverbère, soit au cubilot. On l'amène dans un bassin, couvert par une voûte, et fortement chauffé à l'aide d'une batterie ordinaire de tuyères doubles à gaz et à vent chaud. Le gaz provient du haut fourneau ou d'un générateur spécial. La proportion relative de fer et de fonte varie avec la nature de la fonte et la dureté de l'acier que l'on se propose d'obtenir. Mais, pour l'acier ordinaire, M. Heath indique quantités égales de fonte et de fer doux. Ce dernier est pris sous forme de rognures et bouts de barres, ou à l'état d'*éponges*, provenant de minerais riches réduits par le charbon dans un four de cémentation. Avant de mêler le fer à la fonte, on recommande de le chauffer au rouge blanc, dans un réverbère spécial, ou sur une sole à chaleur perdue, placée entre le four à acier et la cheminée. Dès que le fer chaud a été jeté dans le bain de fonte, on brasse le mélange et on prend des essais. Le brassage se renouvelle de temps en temps, soit à l'aide d'un ringard en fer, soit en se servant d'un rondin de bois (*wooden pole*). Le bain métallique est protégé contre l'air par un flux vitreux.

Le brevet donne, comme spécimen de four, un réverbère circulaire, avec sole à chaleur perdue et cubilot voisin pour

(*) M. Heath avait pris le 5 avril 1839 un premier brevet pour la préparation de l'acier par réaction au creuset ou au cubilot.

la fusion de la fonte. La Pl. VI, *fig.* 3 à 5, reproduit ce four d'après le brevet anglais. Je renvoie à la légende pour les détails.

On voit, en résumé, que le procédé ressemble de tous points à celui que décrit Hassenfratz; aussi les mêmes motifs ont-ils dû empêcher le succès de la méthode. On recherchait alors uniquement des aciers de choix, tandis qu'on devait précisément traiter ainsi des fontes anglaises ordinaires.

Vint alors un nouvel arrêt de dix ans; puis, le 16 février 1854, John Davie Stirling demande, en Angleterre, sous le n° 375, un brevet pour la fabrication de l'acier de réaction soit dans un creuset, soit au réverbère. Il propose de faire agir sur la fonte fondue de l'oxyde de fer en poudre.

L'année suivante, l'infatigable Bessemer s'occupe du même sujet. Le 10 janvier 1855, il prend un brevet (n° 66) « pour la fusion de l'acier au réverbère, muni d'un « bassin, contenant des matières vitreuses fondues, dont le « but est de couvrir l'acier et de le protéger contre l'action « de l'atmosphère et contre celle des gaz du fourneau. »

Le 25 octobre 1858, M. Sudre demande, en France, un brevet analogue. Il entreprend ses premières expériences dans les ateliers du chemin de fer du Nord, et c'est aussi en décembre de cette même année que M. Lan dirige des essais identiques, dans les usines de MM. Petin et Gaudet, à Rive-de-Gier (*).

De novembre 1860 à mars 1861, M. Sudre se livre, à la forge de Montataire, aux frais de S. M. l'Empereur, à une deuxième série d'expériences. Il en a été rendu compte, dans un rapport officiel, signé par MM. le colonel Treuille de Beaulieu, H. Sainte-Claire Deville et le capitaine Caron (**). Ces premières tentatives ne réussirent qu'à demi.

(*) *Bulletin de l'industrie minérale*, t. IV, p. 576.
(**) *Annales des mines*, 6e série, t. I, p. 221.

On obtint, à la vérité, la température voulue, mais le four ne put résister à plusieurs opérations, ni à Montataire, ni à Rive-de-Gier. Au lieu de faire la sole en briques, on aurait dû la battre en pisé réfractaire. C'est ce que fit le commandant Alexandre, directeur de l'usine impériale de Villeneuve, près de Brest. A la suite des fusions au creuset, dont j'ai rendu compte, cet officier fut autorisé à établir, à la Villeneuve, en décembre 1860, un premier réverbère pour 500 kilog., et l'année suivante, à la fonderie de Ruelle, un four plus grand pour 1 200 kilog. La disposition générale du réverbère ressemble à celle des fourneaux de seconde fusion dans les fonderies de canon. Seulement la sole était d'une seule pièce, en pisé battu de $0^m,06$ d'épaisseur, composée d'un mélange égal de graphite et de sable réfractaire. La fusion marcha bien, et le four supporta facilement, sans réparations majeures, trente à quarante opérations. On a coulé des projectiles et plusieurs canons. Malheureusement les produits furent de qualité inférieure. Mais ajoutons de suite, que ces défauts,—faible ténacité, absence de corps, aigreur, — provenaient de la nature même des matières premières, et non du mode de fusion. On a préparé l'acier fondu, soit en fondant simplement de vieilles limes, plus ou moins encrassées de métaux divers, soit en appliquant les trois modes de réaction, précédemment essayés au creuset : fonte et fer doux, fonte et limaille oxydée, limaille brute et limaille oxydée, le tout sous une couche de verre, ou de laitiers de haut fourneau. Or la fonte, comme je l'ai dit, provenait surtout de Glasgow! C'est, comme on sait, de la fonte noire, pour seconde fusion, préparée à l'air chaud et à la houille crue; la dernière qu'on eût dû choisir. La ferraille aussi et la limaille étaient d'origine assez variée. On a trop oublié dans ces essais qu'on ne fera jamais de bon acier, par n'importe quelle méthode, si l'on ne se sert de matière premières pures.

Dans le cours de l'opération, on eut recours à deux modes d'essais; on puisait du métal, à l'aide d'une cuiller, et coulait, dans une lingotière, un petit barreau de $0^m,01$ de côté; ou bien, on prenait, par attachement, une sorte de dé au bout d'une baguette de fer poli, comme dans le travail du cuivre (la *Spiess probe* des Allemands). On observa que, pour avoir de l'acier sans soufflures, il fallait un bain très-chaud ; dans ce cas il ne s'attachait rien à la baguette polie. On constatait aussi que si l'on conservait l'acier trop longtemps en fusion, sous la couverte de laitiers, il perdait sa ténacité. C'est une observation que Clouet avait déjà faite dans ses essais au creuset, et que les fondeurs d'aciers connaissent bien. L'acier se charge de silicium et probablement aussi de métaux terreux. On peut y remédier par des additions d'oxyde de manganèse.

Pour une proportion donnée de fer et de fonte, ou de limaille oxydée et de fonte, l'acier produit était de même nature et possédait le même degré de dureté que celui des creusets; le déchet était aussi le même. Ainsi la couverte préserve le métal d'une façon complète, et l'on voit, d'après cela, que le réverbère est aussi propre à la fusion de l'acier que le creuset. On peut y atteindre facilement la température voulue, surtout lorsqu'on a recours aux chauffes soufflées, comme dans les usines de MM. Petin et Gaudet, où l'acier est régulièrement fondu à la houille, dans des réverbères à creusets. Mais le système qui mérite la préférence, soit sous le rapport de l'économie, soit sous celui de la facilité de marche, c'est le four *Siemens* dont se sert M. Martin.

A la Villeneuve, dans le réverbère ordinaire, on brûlait 400 kilog. de houille, par 100 kilog. d'acier, en chargeant froid, et 275, dans les opérations suivantes, en chargeant chaud. Dans le premier cas, la durée est de quatre heures à quatre heures et demie : dans le second, de deux heures et demie à deux heures trois quarts. En marche courante, on faisait trois opérations par douze heures.

Procédé de M. Martin de Sireuil.

L'insuccès, au point de vue de la qualité, fit cesser les essais de la Villeneuve fin 1862. On s'arrêta à mi-chemin. L'administration de la marine impériale, n'eut pas la persévérance de M. Bessemer (*). Celui-ci avait d'abord échoué, comme le commandant Alexandre, à cause de la qualité des fontes, mais il reprit ses essais, avec de bonnes fontes de Suède, et réussit. C'est ce que fit, pour le traitement au réverbère, M. P. Martin dans son usine de Sireuil. Après des tentatives assez nombreuses, un premier brevet fut pris le 28 juillet 1865 ; un certificat d'addition le 19 décembre 1865, et dès lors, dans le courant de 1866 et 1867, dix autres certificats pareils moins importants (**).

La méthode consiste à produire l'acier fondu au réverbère par la réaction du fer doux sur la fonte, avec ou sans intervention de minerais de fer riches. Le four employé est un réverbère à une seule porte, muni de régénérateurs Siemens.

La porte unique est au milieu de l'une des longues parois, tandis qu'en face, du côté opposé, se trouve au point le plus bas de la sole un trou avec canal de coulée. Par

(*) En février 1864, je fus consulté par Son Excellence le ministre de la marine, sur les essais du commandant Alexandre. J'indiquai, dans mon rapport, les causes de la mauvaise qualité des aciers, et je conseillai un meilleur choix de matières premières. Des acier puddlés ou cémentés de bonne qualité, pour la simple fusion, et un mélange de fonte aciéreuse et de fer doux supérieur ou d'oxydes purs, pour l'acier par réaction. J'ajoutai, que le succès ne me paraissait pas douteux, surtout à l'aide du four *Siemens*, qui permet de rendre les flammes, à volonté, oxydantes ou réductives.

(**) M. Martin vient d'en publier la liste dans une brochure intitulée : *Nouveau procédé de fabrication de l'acier et du métal homogène.*

les deux côtés étroits arrivent et s'échappent les gaz de l'appareil Siemens. La section intérieure est un ovale tronqué ou un rectangle rétréci aux deux extrémités. La sole est en sable réfractaire argilo-quartzeux. Pour qu'elle puisse résister à la haute température du four, on ne lui donne qu'une faible épaisseur, moins de $0^m,10$. Une plaque en tôle forte, refroidie en dessous par un courant d'air, ou de vapeur et d'air, supporte le sable. Après chaque opération, on répare la sole, en rebattant du sable frais dans les trous qui ont pu se produire. Avec ces réparations, elle peut durer longtemps. A la fin de chaque semaine, on retouche, bien entendu, les parois latérales ; et pour ce qui est de la voûte, on la refait intégralement toutes les trois semaines, ou, en général, à la suite de vingt-cinq ou trente opérations. Au devant du four, du côté où se trouve le conduit de coulée, un chemin de fer à chariots ou une plaque tournante, amène successivement à la fin de l'opération, sous le jet de métal percé, la série des lingotières. A proximité du four de fusion, on établit en outre un réverbère ordinaire, à sole plane, pour chauffer au rouge blanc les gueusets de fonte et les paquets de fer doux que l'on ajoute dans le cours de l'opération. Les dimensions des fours dépendent, bien entendu, de la grandeur des charges. A Sireuil, on opère sur 1.500 à 2.000 kilog. A Firminy, chez M. Verdié, sur 3.000 à 3.500. Il faut que la profondeur du bain soit à peu près de $0^m,10$, comme dans le four Alexandre et dans l'appareil Bérard.

L'opération est fort simple. On peut obtenir l'acier, ainsi que je l'ai déjà dit, soit par simple réaction du fer doux sur la fonte, soit par l'action oxydante de minerais riches. A cause des difficultés provenant de la différence de densité et de l'action corrosive de l'oxyde de fer, le dernier moyen est moins facile à réaliser.

M. Martin préfère la méthode de réaction par le fer, qui évidemment est beaucoup plus simple. Mais les expériences du commandant Alexandre et celles de M. Martin lui-même montrent bien que, par l'oxyde de fer, on arrive également au résultat désiré. En tout cas, pour produire l'affinage, il faut nécessairement que la fonte se trouve en présence d'une certaine proportion d'oxydes de fer ou de manganèse, ajoutés sous forme de minerais purs, de riblons grillés et de scories riches, ou formés par oxydation dans le four même aux dépens de la fonte. Mais il faut éviter tout excès pour ne pas trop attaquer les parois du four.

Comme dans l'appareil Bessemer, on peut d'ailleurs conduire l'opération selon deux modes opposés : affiner complétement, puis recarburer par des additions de fonte pure, ou bien, au contraire, arrêter le travail lorsqu'on juge le métal décarburé au degré voulu.

Le premier mode, comme dans le procédé Bessemer, assure, à cause de sa plus grande durée, une épuration plus complète, pourvu que la fonte ajoutée pour la recarburation soit elle-même pure, et que l'affinage soit de nouveau poursuivi, pendant quelques instants, après la dernière addition. C'est ce que fait, en général, M. Martin.

Les fontes traitées à Sireuil proviennent surtout des hauts fourneaux de Saint-Louis, près de Marseille, et de Ria, près de Prades. Celles que l'on traite chez M. Verdié sont obtenues avec les minerais de Bône. Ce sont, comme on sait, des fontes pures manganésifères, grises ou blanches miroitantes. Mais il est évident que l'on pourra affiner par ce procédé toutes les fontes que l'on passe à l'appareil Bessemer, et l'on doit même pouvoir traiter des fontes légèrement sulfureuses, surtout si l'on opère avec addition de minerais riches, et non par réaction simple du fer doux sur la fonte.

Le fer ajouté doit lui-même aussi provenir de minerais purs, si l'on veut obtenir des produits supérieurs. Ce seront des fers puddlés, plus ou moins aciéreux, préparés avec les fontes dont je viens de parler. On prendra des bouts de barres et des pièces manquées d'origine variée, ou, à défaut de cela, du fer puddlé brut préparé spécialement *ad hoc*. Mais, pour les produits communs, on pourra prendre du fer et de la ferraille ordinaires, pourvu qu'ils ne soient pas par trop impurs. On sait que, dans le mazéage et le puddlage, on se débarrasse aisément de la majeure partie du phosphore des fontes et d'une portion du soufre. Le fer doux, ainsi épuré une première fois, donnera, en se dissolvant dans la fonte pure, un produit homogène, dans lequel le phosphore et le soufre seront encore plus dilués. L'acier proprement dit, obtenu par ce moyen, sera toujours quelque peu aigre; il manquera de corps; mais le fer doux homogène, même impur, possédera pourtant une ténacité bien supérieure à celle de ce même fer, simplement puddlé, soudé et corroyé. On pourra donc tirer parti de fontes moins pures que celles qui conviennent pour le procédé Bessemer. On se rapproche de la méthode Parry, déjà citée, et sur laquelle je vais revenir bientôt.

Il est évident qu'au réverbère, comme dans l'appareil Bessemer, et plus facilement que dans ce dernier, on doit pouvoir obtenir à volonté, tous les degrés d'aciération compris entre la fonte blanche et le fer doux. Il n'y a qu'à faire varier les proportions relatives de fonte et de fer, ou de fonte et d'oxyde, comme l'a prouvé le commandant Alexandre, et déjà, avant lui, Réaumur, Clouet, Uchatius, etc.

M. Martin distingue, dans ses brevets, quatre produits différents :

Le *métal mixte*, qui peut à peine se forger : c'est l'ancien *wildstahl* des Allemands, compris entre la fonte et l'acier ordinaire.

L'acier pour *outils*, ou acier proprement dit.

L'acier *doux*, ou *métal homogène*.

Le *fer fondu* qui est rouverin.

Cette division est insuffisante; il vaudrait mieux adopter les 7 numéros de M. Tunner. Le fer fondu est au fond du fer *brûlé*; il est rouverin, parce qu'il a absorbé de l'oxygène; on le transforme en métal homogène, en le recarburant par des additions de fonte.

L'acier doux, ou *métal* homogène, comprend deux produits très-différents : l'*acier doux* proprement dit, qui peut encore se tremper (les nos 5 et 6 de Tunner), et le *fer homogène* ou n° 7 de Tunner.

L'*acier* pour *outils* correspond aux nos 3 et 4.

Le *métal mixte*, aux nos 1 et 2.

Disons maintenant quelques mots de l'opération elle-même.

Le four, chauffé au blanc par les gaz chauds du régénérateur Siemens, reçoit d'abord un certain poids de fonte à affiner. On pourrait charger froid, mais on préfère, pour ne pas trop refroidir le four, chauffer les gueusets, par avance, dans le four accessoire ci-dessus mentionné.

Lorsque la fonte est fondue et le bain très-chaud, on y ajoute, par charges de 100 à 200 kilogrammes, les diverses sortes de fer dont j'ai parlé, chaque barre, paquet ou lopin, étant chauffé au rouge clair, et pesant 10 à 20 kilogrammes. Ces additions se font toutes les vingt à trente minutes, et sont suivies d'un rapide brassage, dès que le fer se trouve dissous par la fonte.

Au lieu de fer, ou avec le fer, on peut aussi ajouter du minerai riche, soit brut, soit grillé, soit plus ou moins réduit par cémentation. Mais, ainsi que je l'ai déjà dit, cette manière d'opérer est moins facile. Le mélange est plus difficile, le produit moins homogène, le four plus fortement attaqué.

Il me semble cependant qu'il devrait y avoir avantage à faire quelques faibles additions d'oxyde riche. Il en résulterait certainement un affinage plus complet. En tout cas, on constate que la couche de scorie, qui se forme à la surface du bain, s'appauvrit rapidement, soit par l'influence du carbone de la fonte, soit par les gaz du fourneau qui peuvent avoir facilement une réaction réductive, soit enfin par les parois et la sole qui cèdent leur quartz (*). La scorie de M. Verdié a donné, au bureau d'essai de l'École des mines, les nombres suivants :

Silice	64,33
Alumine	8,66
Protoxyde de fer	21,89
Protoxyde de manganèse	2,74
Chaux	3,00
	100,62

Elle contenait des grenailles métalliques, mais on les a enlevées, avant l'analyse, à l'aide du barreau aimanté. Le gain de l'analyse semble cependant indiquer qu'il devait encore rester quelques parcelles métalliques. Comme dans l'appareil Bessemer, le silicate est pauvre, d'apparence vitreuse et plus ou moins bulleux.

Dans cet état, il ne saurait plus agir, comme agent oxydant, sur le bain de fonte; il ne peut lui enlever ni phosphore, ni soufre, et lui fournirait plutôt du silicium. Aussi lorsque la scorie est ainsi appauvrie, et que l'affinage n'est pas encore achevé, il faut décrasser le bain, ou enrichir les scories par de nouvelles additions d'oxydes riches. En tous cas, on voit que l'on est maître de l'opération; on peut l'arrêter quand on veut, augmenter ou diminuer les doses de fer et d'oxyde, produire à volonté un métal plus ou moins carburé, et cela plus facilement que dans l'appareil Bessemer, parce que l'opération est beaucoup plus lente et que l'on peut prendre plusieurs essais dans le cours de chaque opération. On puise en effet le métal avec une cuillère en fer, verse le contenu dans une lingotière et soumet le lingot au marteau de forge. L'échantillon est brisé à froid et la

(*) Lorsque la chaleur est insuffisante, le laitier est noir ferrugineux, tandis qu'il prend une couleur vert claire lorsque la température est très-élevée.

nature du métal jugée par son grain et son degré de dureté et de malléabilité.

On peut suivre, comme je l'ai dit plus haut, deux systèmes opposés : décarburer graduellement et arrêter l'opération au degré voulu ; ou bien pousser jusqu'au fer brûlé, et recarburer par de nouvelles additions de fonte pure. La deuxième méthode vaut mieux par les motifs déjà énoncés, et c'est aussi celle que M. Martin a finalement adoptée. Lors donc que les essais donnent un métal décarburé, suffisamment affiné, on remplace les additions de fer ou de minerai par des additions de fonte pure chauffée au rouge. Après la fusion du métal ajouté et un brassage convenable, on prend un essai qui règle la seconde dose de fonte à ajouter. On fait ainsi deux ou trois additions et l'on prend des essais de demi-heure en demi-heure, jusqu'à ce que l'on arrive au métal voulu, puis on procède à la coulée. Voici les teneurs en carbone de quatre essais successifs, pris sous mes yeux chez M. Verdié, après chaque nouvelle addition de 100 à 200 kilogrammes. Le carbone a été dosé par le brome et je l'ai déterminé aussi comparativement par la méthode de M. Eggertz de Falun.

Le n° 1	a donné	0,0044
Le n° 2	—	0,0054
Le n° 3		0,0076
Le n° 4	—	0,0087

Le n° 4 est de l'acier ordinaire mi-dur.

Le n° 1 correspond au fer décarburé ; les autres essais ont été pris après les additions successives de fonte.

Lorsqu'on observe le bain, dans le cours de l'opération, on voit la scorie bouillonner légèrement à la surface. Il se dégage des bulles de gaz qui doivent provenir de la réaction du silicate sur la fonte, et peut-être aussi de celle du quartz de la sole, lequel peut donner, en présence du fer carburé, de l'oxyde de carbone et du siliciure de fer.

Il n'y a pourtant pas ébullition proprement dite, rien qui ressemble au *montage* du bain lors d'un puddlage chaud. Aussi le brassage est-il indispensable, si l'on veut obtenir un produit homogène, et, à mon avis, l'objection la plus grave que l'on puisse faire au procédé nouveau, c'est de fournir difficilement des lingots bien homogènes. On pourrait essayer la perche de bois, indiquée par Hassenfratz et Heath, et employée avec succès, dans le même but, lors de l'affinage du cuivre. Elle résisterait probablement presque aussi longtemps que le ringard en fer et produirait une agitation plus vive.

La durée d'une opération est à peu près de sept à huit heures, lorsqu'on traite 3.000 kilogrammes. On pourrait donc, à la rigueur, faire trois opérations par vingt-quatre heures; mais comme il faut décrasser la sole et la réparer après chaque fusion, on s'arrange en général de façon à ne faire qu'une opération par poste de douze heures.

Les proportions relatives de fer et de fonte varient avec la nature des produits et celles des fontes dont on se sert. Pour l'acier proprement dit, le commandant Alexandre avait trouvé 3 de fer pour 1 de fonte; mais il se servait de fontes plus siliceuses que carburées, et opérait dans des creusets, ou au réverbère sous une épaisse couche de verre non oxydant. Lorsqu'on opère avec de bonnes fontes pures et un mélange de fer et de riblons un peu oxydés, on peut forcer la dose en fonte. En général, pour l'acier ordinaire, on prend à peu près parties égales de fonte et de fer, et l'on augmente ou diminue la proportion de fonte, selon que l'on veut avoir de l'acier plus ou moins dur ou doux.

M. Martin indique :

Pour son *métal mixte*, par 1.000 de fer, 11 à 1.200 de fonte;

Pour *l'acier à outils*, par 1.000 de fer, 8 à 900 de fonte;

Pour *l'acier doux*, dit *métal homogène*, par 1.000 de fer, 700 à 750 de fonte.

On peut considérablement hausser la proportion de fonte, lorsqu'on substitue à une partie de fer du minerai riche.

Sur le poids de fonte indiqué ci-dessus, on en réserve un sixième à un quart pour les additions de la fin.

Le déchet varie avec les proportions relatives de fer et de fonte. Il est d'autant plus élevé que l'acier est plus doux. En moyenne, on arrive à 6 ou 8 p. 100. C'est la moitié du déchet qu'entraîne le procédé Bessemer. Ainsi, sous ce rapport aussi, la méthode par réaction mérite la préférence. Mais, en réalité, il convient d'ajouter au déchet du réverbère celui que le fer ajouté a déjà subi lors du puddlage. On arriverait alors à un déchet total de 12 à 15 p. 100, ce qui laisserait pourtant encore un léger avantage à la méthode nouvelle. Seulement au déchet vient se joindre l'ensemble des dépenses du puddlage, en sorte que si l'on devait soumettre à cet affinage préalable la fonte supérieure que l'on traite directement au réverbère, ou dans l'appareil Bessemer, le prix de revient final serait nécessairement plus élevé dans le travail par réaction. Mais l'avantage réel du procédé nouveau, c'est de pouvoir utiliser, pour la fabrication de l'acier commun et du fer homogène, des fers doux, provenant de fontes plus ordinaires, que l'on ne pourrait affiner directement dans l'appareil Bessemer. Le puddlage, lorsqu'il est bien fait, élimine des fontes les deux tiers du soufre et les trois quarts du phosphore. C'est une véritable épuration que ne réalisent ni le procédé Bessemer ni la méthode par réaction. Ce fer puddlé, ainsi épuré, n'est pas plus cher que les fontes supérieures (*), et lorsqu'il s'agit de produire de l'acier commun, on doit pouvoir employer le fer ordinaire, dans la méthode par réaction aussi bien que dans la cémentation et la fusion au creuset. Or on sait qu'à Sheffield on fabrique depuis longtemps l'acier fondu

(*) Avec des fontes coûtant 100 francs la tonne, on peut avoir des massiaux puddlés au prix de 140 francs.

ordinaire, par la méthode du creuset, en se servant de fer puddlé, provenant de fontes anglaises du Staffordshire et du Yorkshire. La méthode nouvelle a d'ailleurs l'avantage de pouvoir utiliser très-facilement les bouts de barres, riblons, déchets de toute sorte, vieux fers, etc. Rappelons, enfin, que la proportion de fer peut être considérablement réduite, par l'emploi du minerai riche. Ce dernier mode de procéder a été pratiqué au réverbère par MM. Alexandre et Martin, comme au creuset par M. Uchatius.

En résumé, cependant, le travail au réverbère ne supplantera pas le Bessemer ; les deux méthodes ont leur raison d'être : celle-ci, à cause de la rapidité de sa marche et du prix élevé des installations, ne peut convenir qu'aux grandes usines, tandis que le réverbère sera l'outil des ateliers plus modestes, et devra être préféré, lorsqu'on voudra obtenir facilement des aciers de diverses sortes, ou faire des essais en petit.

Il nous reste à dire quelques mots du prix de revient. Je ne possède pas tous les éléments pour l'établir rigoureusement, et d'ailleurs il doit varier avec la nature de l'acier à produire, et la valeur du fer doux qui réagit sur la fonte. Voici cependant quelques données.

On consomme, en moyenne, pour les deux fours, 11 à 1.200 kilogr. de bonne houille par tonne de métal fabriqué. Le déchet ordinaire est de 6 à 8 p. 100 sur le poids réuni du fer et de la fonte. Le nombre des ouvriers est à peu près le même qu'au procédé Bessemer ; ainsi, la main-d'œuvre sera de 15 à 20 francs par tonne de métal produit.

L'entretien des fours et autres appareils est moindre que dans les ateliers Bessemer ; il n'y a pas là de machine soufflante.

La réparation et la reconstruction périodique des fours ne sauraient coûter 1.000 francs par mois. En admettant, pour cette période de temps, vingt à vingt-cinq opérations de 2 1/2 tonnes à 3 tonnes, l'entretien ne dépassera pas

15 francs par tonne. D'après cela, si nous supposons le prix des fontes supérieures de 160 francs et celui des fers ajoutés de 170 fr., ce qui est élevé comme moyenne, nous aurons, par tonne d'acier commun, en lingots, approximativement :

	fr.
540 kilog. de fonte à 140 francs.	75,60
540 kilog. de fer à 170 francs.	91,80
1.200 kilog. de houille à 12 francs.	14,40
Main-d'œuvre.	17,50
Entretien et matériaux divers.	15,00
Total.	245,30

somme à laquelle on devra ajouter l'intérêt des capitaux, les frais généraux, la prime pour le brevet, etc.

Ce qui précède était composé lorsque M. Rinman, agent du comptoir de fer de Stokholm, qui vient de passer plusieurs semaines à la forge de Sireuil, m'a communiqué, avec l'autorisation de M. Martin, les détails suivants sur le procédé nouveau :

La fabrication courante de Sireuil consiste en ce moment (décembre 1867 et janvier 1868), en fer *homogène* pour canons de fusils destinés aux ateliers de Chatelleraut.

Pour obtenir ce produit, on prend 6 à 700 kilogrammes de fonte truitée, ou blanche lamelleuse, de Saint-Louis. Après la fusion, on ajoute, de demi-heure en demi-heure, 100 kilogrammes de fer puddlé, obtenu avec un mélange de fonte au bois de Lachat (Dordogne) et de cette même fonte de Saint-Louis. Ces additions de fer vont jusqu'à 1.200 kilogrammes et durent six heures. Il en résulte un fer *brûlé*, qui n'a donné à M. Rinman que 0,001 de carbone, en se servant de la méthode Eggertz.

On ajoute alors, pour opérer la recarburation, environ 7 p. 100 de la charge antérieure, savoir 125 à 150 kilogrammes de fonte miroitante de Saint-Louis, dont j'ai précédemment donné la composition. Une heure après, on fait la coulée, et l'on obtient un lingot donnant, par le même mode d'essai, 0,0045 de carbone.

Dans une autre opération où, avec 700 de fonte primitive, on n'a ajouté que 1.100 kilogrammes de fer puddlé, la teneur du fer brûlé était de 0,0022, et celle du fer homogène, après addition de 125 kilogrammes de fonte spéculaire, de 0,0057.

La consommation de la houille, par opération, est, dans le four de fusion, de.	1.260 kilog.
Et, pour le chauffage préalable du fer et de la fonte, de.	1.000 kilog.
Total.	2.540 kilog.

Ainsi, pour une charge totale en fer et fonte de 2.000 kilogrammes, on consomme 2.540 kilogrammes de houille, et l'on obtient 1.800 à 1.820 kilogrammes de lingots. La main-d'œuvre, pour une pareille opération, coûte d'ailleurs 30 à 35 francs. D'après cela, par tonne de lingots, les éléments du prix de revient, en dehors du fer et de la fonte, sont à Sireuil de :

Houille.	1.300 kilog.
Déchet.	9 à 10 p. 100
Main-d'œuvre. . . .	17 à 19 fr.

Ces chiffres diffèrent peu de ceux que j'ai donnés ci-dessus. Ils sont cependant un peu plus élevés, ce qui provient de ce qu'à Sireuil on opère sur des charges de deux tonnes seulement, et de ce que le produit ordinaire est du fer homogène et non de l'acier, ce qui allonge l'opération. Il faut parfois plus de douze heures, en y comprenant le temps qu'exige la réparation de la sole. J'ajouterai que la scorie de Sireuil est en général plus claire, moins ferreuse et moins bulleuse que celle de M. Verdié, ci-dessus analysée.

Le 18 décembre, on fit, sous les yeux de M. Rinman, une opération avec addition de minerai. Ce dernier venait de Blanka (Ramsberg, en Suède) ; c'était du fer oxydulé, à 78 p. 100, presque pur. Pour le premier bain, on prit

1.000 kilogrammes de fonte truitée de Saint-Louis, préalablement chauffée au rouge. La fusion étant complète au bout d'une heure et demie, on procéda aux additions du minerai, par doses de 20 kilogrammes, en fragments de la grosseur du poing ou au-dessous. Le minerai fut jeté froid dans le four, ce qui me semble une faute. La scorie devint presque aussitôt noire et visqueuse, et se boursoufla. Il fallut par deux fois ôter une partie du silicate pour modérer son action. On ajouta en somme 140 kilogrammes de minerai et 600 kilogrammes de fer puddlé. A la douzième heure seulement, on put procéder à la recarburation, par l'addition ordinaire de 125 kilogrammes de fonte spéculaire. La coulée se fit au bout de la treizième heure.

Le métal était bon, mais le four plus endommagé qu'à l'ordinaire. C'est le grand obstacle à l'emploi du minerai. L'homogénéité est aussi plus difficile à réaliser.

Le produit se composait de lingots pesant.	1.499 kilog.
et de débris divers.	84 kilog.
Total.	1.583 kilog.
ce qui, sur une charge de.	1.125 kilog. de fonte,
et.	600 kilog. de fer.
Total.	1.725, correspond à un

déchet de 8 p. 100.

On voit par là que l'oxyde, malgré sa richesse élevée, a fourni peu de fer et qu'il vaudrait mieux se servir de minerai chaud, réduit en partie ou en totalité dans une sorte d'appareil *Chenot.*

Pendant le séjour de M. Rinman, on a également essayé de remplacer le fer puddlé par de vieux rails de la compagnie d'Orléans.

En prenant 500 kilogrammes de fonte blanche lamelleuse de Saint-Louis et 600 kilogrammes de vieux rails, la méthode Eggertz a donné, dans le petit lingot d'essai, 0,0127 de carbone.

Après addition de 1.100 kilogrammes de rails, on a trouvé, 0,001 de carbone. Après recarburation par 50 kilogrammes de fonte spéculaire, et après laminage des lingots, le fer homogène produit contenait 0,0025 de carbone. Enfin, en prenant 100 kilogrammes de fonte pour la recarburation, on a trouvé, dans le produit laminé, 0,0050 de carbone. M. Rinman a dosé aussi, dans ces mêmes produits, par la méthode Eggertz, les proportions de soufre.

La fonte de Saint-Louis contient en moyenne 0,0004 de soufre; le fer homogène, pour canons de fusil, 0,0002 à 0,00025. La moitié du soufre se trouve donc éliminée, mais plutôt par le puddlage que, dans le four de fusion, au moment de la réaction du fer sur la fonte; ce qui le prouve, ce sont les essais faits sur les produits obtenus avec les vieux rails d'Orléans.

Ceux-ci tiennent 0,001 de soufre, tandis que le produit en lingots de 500 kilogrammes de fonte et 1.100 de rails a donné 0,00075 de soufre.

Or les 500 kilogrammes de fonte à 0,0004 de soufre en fournissent.	$0^k,20$
et les 1.100 kilogrammes de rails à 0,001.	$1^k,10$
Total du soufre contenu.	$1^k,30$

D'autre part, les 1.450 kilogrammes de fer fondu à 0,00075 de soufre, en renferment $1^k,09$; donc $0^k,21$ de soufre seulement, ou moins de 1/6 se trouve éliminé par la réaction au réverbère.

On a fait un dernier essai avec de la fonte d'Aubin à 0,002 de soufre et de vieux rails d'Orléans. On a obtenu un fer homogène très-rouverin. On voit que les matières sulfureuses ne conviennent pas plus ici que dans l'appareil Bessemer. Il faut se débarrasser du soufre au haut fourneau, et par le puddlage ou le mazéage. Peut-être cependant réussirait-on en partie, en faisant intervenir du minerai riche, comme dans l'essai ci-dessus mentionné?

Fabrication de la fonte raffinée.

Il me reste à parler d'un produit nouveau, qui vient se placer entre la fonte ordinaire et l'acier fondu : c'est la fonte *raffinée*, dont fait partie le métal *mixte* de M. Martin.

On sait que les fontes sont en général d'autant moins tenaces et moins dures qu'elles contiennent une proportion plus élevée de métaux terreux et de silicium. C'est la cause de la douceur et de la faible ténacité des fontes d'Ecosse. On modifie cet état de choses en éliminant plus ou moins complétement, par un procédé quelconque, les éléments étrangers. La simple refonte au cubilot, et surtout la fusion au réverbère, produisent déjà une épuration partielle ; de là la supériorité des fontes de seconde fusion. Mais on peut faire mieux.

En Angleterre, on prépare le *toughened cast iron* (fonte tenace) en refondant la fonte ordinaire avec de petits fragments de fer doux, dans la proportion de 20 à 40 p. 100. C'est précisément le travail par réaction dont je viens de parler ; mais comme on ajoute moins de fer doux que chez M. Martin, on obtient un produit qui tient le milieu entre son métal *mixte* et la fonte ordinaire. En soumettant à cette opération une fonte pure, on aura un produit à demi décarburé, d'une ténacité élevée, et prenant de la dureté par le coulage en coquille. On peut mettre le fer doux dans les moules des gueusets. La fonte fluide empâte le fer, et le mélange est refondu soit au cubilot, soit au réverbère. On peut obtenir un produit analogue en refondant la fonte grise de première fusion avec une certaine dose de fine-metal ou de fonte mazée de qualité supérieure.

A Königshütte, en Silésie, on prépare la fonte *raffinée* (*fein eisen* ou *rein eisen*) en refondant de la bonne fonte grise, au réverbère, sous l'action d'un courant d'air forcé.

C'est un véritable mazéage qui épure le métal. On traite ainsi la fonte pour les cylindres lamineurs : elle retient très-peu de silicium.

Quelques usines allemandes livrent depuis plusieurs années, aux compagnies de chemin de fer, des roues de wagon et des croisements de voie en fonte durcie (*Hartguss*) dont la durée est très-grande. Les mêmes usines fabriquent avec ce métal des boulets cylindro-coniques, blanchis et durcis à la surface ; on paraît les préférer aux boulets en acier. Le mode de fabrication est tenu secret, mais il est plus que probable que ce métal *mixte* doit être obtenu par l'une des méthodes dont je viens de parler, surtout par celle qui consiste à mêler le fer doux à la fonte. En tous cas, les méthodes en question peuvent donner de la fonte raffinée dure. Les usines allemandes qui fournissent cette fonte durcie sont Buckau, près Magdebourg, sous le nom de métal *Gruzon ;* une fonderie de Bude en Hongrie, et un atelier récemment établi à Königsberg. Buckau a exposé au champ de Mars des boulets et quelques autres pièces. C'est une fonte grise ou truitée au centre, fibreuse et d'un blanc argentin sur les bords. On voit bien par les cassures que le métal tient le milieu entre la fonte proprement dite et l'acier. La majoration du prix de la fonte *durcie* de Königsberg sur la fonte ordinaire est de 80 francs par tonne.

J'ai dosé, par la méthode Eggertz, la teneur en carbone du métal *Gruzon*. J'avais à ma disposition trois échantillons, provenant de l'Exposition : deux fragments de barreaux et et un demi-boulet cylindro-conique. On a choisi exclusivement des éclats de fonte blanche, provenant de la surface de ces objets. Le n° 1 a pu être limé ; le n° 2 ne pouvait être entamé que difficilement, et, sur le boulet, la lime ne mordait pas du tout. Il a fallu pulvériser les éclats de ces deux dernières fontes dans le mortier en acier dur d'Abich. L'essai a donné :

Pour le n° 1.	0,0215 de carbone.	
Pour le n° 2.	0,0224	—
Pour la fonte du boulet.	0,0240	—

Ces teneurs semblent bien indiquer que le métal Gruzon est une fonte plus ou moins décarburée. Elle est d'ailleurs très-pure. Je n'y ai trouvé que 0,0002 à 0,0003 de soufre.

On peut aussi améliorer les fontes et les aciers en les alliant à de faibles proportions de tungstène et de titane. Les effets du tungstène ont été spécialement étudiés par MM. Koeller et de Mayr en Autriche, MM. Leguen et Caron en France, et par M. Mushet fils en Angleterre. Le tungstène augmente la dureté et la ténacité de la fonte et de l'acier. La dureté de l'acier croît presque indéfiniment avec la dose de ce métal; on peut, en tous cas, dépasser la proportion de 10 p. 100. Quant à la ténacité, elle grandit jusqu'à 2 ou 3 p. 100, puis diminue au delà. Le métal trop chargé de tungstène devient aigre.

Les fontes préparées et essayées par le commandant Leguen ont été analysées à l'École des mines. Les échantillons contenaient depuis 2 à 10 p. 100 de tungstène. La résistance à la rupture transversale a été accrue, dans le rapport de 37 à 56 ou 57, pour des teneurs de 2 à 4 p. 100;

Dans le rapport de 37 à 62, pour des teneurs de 5 à 7 p. 100; et dans le rapport de 37 à 50 ou 55, pour des teneurs de 8 à 10 p. 100.

Les expériences ont été faites sur de la fonte de Gartsherrie. On a coulé des barreaux quarrés de 0^{m},60 de longueur et 0^{m},05 de côté. Supportés aux deux bouts, on les pressait au milieu jusqu'à la rupture. On voit qu'à partir de 3 à 4 p. 100 de tungstène, il n'y a plus intérêt à en augmenter la dose.

Malgré les avantages qui semblent résulter des chiffres que je viens de citer, l'emploi du tungstène ne me paraît pas appelé à se répandre beaucoup. Il est difficile d'obtenir un produit parfaitement homogène. De plus,

M. de Mayr de Léoben, qui a fabriqué assez longtemps de l'acier au tungstène, y a renoncé depuis peu, parce qu'il a observé que, dans les chaudes successives, auxquelles on le soumet pour le travailler, et même à froid, le tungstène s'oxyde peu à peu jusqu'au centre des barres, ce qui enlève alors à l'acier toute sa supériorité.

Parmi les produits exposés par M. de Mayr, on voyait, par contre, de l'acier au *manganèse*. Mais je me hâte d'ajouter que je tiens de l'agent même de cet habile fabricant, que l'acier en question ne renferme pas trace de manganèse. J'ai déjà rappelé, en effet, que ce métal rend l'acier plutôt aigre. Mais, dans toutes les méthodes d'affinage, il intervient comme épuratif dès que son oxyde n'est pas retenu par la silice. Ajoutons encore que la fonte raffinée et surtout l'acier fondu, obtenu par réaction, sont parfois soumis à un recuit prolongé. C'est l'adoucissement conseillé par Réaumur. On peut, au reste, ou simplement recuire en vase clos, ce qui détruit la structure cristalline et isole une partie du carbone sous forme de graphite ; ou bien décarburer, par cémentation, comme dans les ateliers de fonte malléable. Les deux procédés diminuent l'aigreur, en même temps que la dureté, sans cependant accroître sensiblement la ténacité proprement dite.

IV. MÉTHODES BASÉES SUR LA CÉMENTATION.

Lorsqu'on veut épurer la fonte, aussi complétement que possible, il faut prolonger l'affinage jusqu'au fer doux, puis arriver à l'acier par recarburation. C'est la voie suivie par MM. Bessemer et P. Martin, dans leurs procédés de traitement immédiat pour acier fondu. Mais comme la recarburation s'y fait par la fonte, on ramène toujours, dans le produit final, une partie des impuretés que renferme cette dernière. Si donc on veut obtenir de l'acier pur, on devra recarburer avec le charbon proprement dit, ou des réactifs charbonneux purs; c'est le principe de la *cémentation*. De là vient qu'à l'époque où l'acier n'était recherché que pour les outils fins, on a bien souvent considéré la cémentation comme l'unique méthode capable de donner le véritable acier, et les fers supérieurs, comme seuls propres à cette fabrication. Cette manière de voir serait juste si l'acier *supérieur* devait seul être appelé *acier*. Mais de même que l'on nomme *fer* et *fonte* toutes les variétés de fers doux et de fontes, depuis les plus tenaces jusqu'aux plus tendres, on ne saurait refuser le nom d'*acier*, ainsi que je l'ai dit au commencement de ce mémoire, à toute la série des produits ferreux malléables, susceptibles de prendre la trempe; et cela quel que soit, du reste, leur degré de finesse, de dureté, de ténacité, etc. Ainsi, en cémentant les fers supérieurs, on aura de l'acier supérieur, et en cémentant les fers communs, de l'acier commun. Seulement il est bien évident, je ne puis assez le répéter, qu'en partant d'une fonte donnée, on aura toujours de l'acier plus pur, en affinant cette fonte pour fer doux et cémentant ce dernier, qu'en affinant la même fonte directement pour acier.

La cémentation peut avoir un double but : on peut se contenter de la simple carburation, ou bien carburer et fondre dans le même appareil. La simple cémentation sans fusion se fait dans les caisses et fours et suivant la méthode que tout le monde connaît. Je n'en parlerai donc ici qu'au seul point de vue de la théorie, sur laquelle on est loin d'être d'accord.

Quant à la carburation et fusion combinées, c'est un procédé qui fut déjà recommandé, vers la fin du siècle dernier, par Chalut et Clouet (*) en France, et par Mushet en Angleterre; mais il est peu usité en grand, si ce n'est depuis

(*) *Journal de physique*, année 1788, p. 46, 2e partie et *Journal des mines*, t. IX.

quinze à vingt ans. On se sert de creusets ordinaires, ou bien d'un cubilot spécial, d'après la méthode de l'ingénieur Parry. On peut rappeler à ce sujet le mode de recarburation tenté par M. Bérard dans son four à doubles tuyères (page 63).

Cémentation ordinaire.

On peut carburer le fer de bien des manières différentes; on peut faire agir sur le fer le carbone pur, les charbons ordinaires, les carbures solides, les houilles, et même, en général, toutes les substances végétales et animales. On peut se servir aussi de cyanures solides ou gazeux, et de presque tous les gaz et vapeurs renfermant du carbone, tels que l'oxyde de carbone et les nombreux hydrogènes carburés. Toutes les fois que le fer est chauffé au rouge, en présence de l'une quelconque de ces substances, il se carbure, à la surface d'abord, puis graduellement jusqu'au centre. Comment et dans quelles circonstances se produit cette carburation et quelle est la nature du carbure obtenu? Telles sont les questions que plusieurs chimistes ont cherché à résoudre. Essayons de résumer leurs recherches, en prenant surtout pour guide un travail récent de M. Margueritte (*).

M. Fremy distingue entre simple carburation et aciération. Pour avoir de l'acier, il faudrait, selon ce savant, le concours de l'azote; mais on a vu déjà à quoi se réduit au fond le rôle de ce gaz. On le rencontre, à la vérité, en quantités minimes dans la plupart des fers, aciers et fontes. Seulement les fers doux et les fontes en renferment autant que les aciers, et en tout cas, il n'y a aucun rapport fixe entre les proportions relatives du carbone et de l'azote, rien qui dénote un véritable composé azoto-carburé.

Mais l'azote est-il au moins nécessaire comme véhicule,

(*) *Annales de physique et de chimie*, 4e série, t. VI, p. 55 (année 1865).

ainsi que le pense M. Saunderson? L'azote, qui paraît exister en minime dose dans tous les fers, forme-t-il du cyanogène avec le carbone, et ce carbone ne peut-il s'unir au fer que lorsqu'il se présente à l'état de cyanogène ou de cyanure? En un mot, l'azote du fer, ou l'azote venant de quelque autre source, fait-il la navette, en s'emparant du carbone pour le céder au fer?

Les expériences de M. Margueritte prouvent que l'azote n'intervient, en réalité, ni comme véhicule ni comme élément constitutif de l'acier. Entrons à cet égard dans quelques détails.

D'anciennes expériences semblaient bien établir que la présence de l'azote n'était pas nécessaire pour carburer le fer; mais comme on s'était servi de vases en terre, dont les parois ne sont pas imperméables aux gaz, on pouvait objecter que l'atmosphère des foyers a dû fournir le gaz en question. Il fallait donc reprendre les expériences, en s'entourant de précautions nouvelles. C'est ce qui a été fait par M. Margueritte; ce savant a pris des tubes en porcelaine vernis à l'intérieur et à l'extérieur, ce qui les rend, d'après les essais de M. H. Sainte-Claire-Deville, absolument impénétrables par les gaz des foyers.

Dans une première série d'expériences, M. Margueritte a d'abord vérifié cette imperméabilité; puis il a constaté que le fer tout à fait pur, provenant de l'oxalate, est aussi bien carburé par l'oxyde de carbone que le fer du commerce, dans lequel on peut soupçonner des traces d'azote. Pour que l'expérience réussisse, il faut cependant que le courant gazeux ne soit pas trop lent. L'acide carbonique produit, s'il n'est pas rapidement évacué par l'oxyde en excès, peut de nouveau brûler le carbone qui vient de s'unir au fer (*).

(*) MM. Laurent et Leplay n'avaient pu réaliser la carburation du fer par l'oxyde de carbone (*Annales de physique et de chimie*, 2e série, t. LXV, p. 403). Mais un chimiste allemand, M. Stammer, l'avait constatée dès 1851. (*Bergwerks freund* 1851, p. 388.)

La carburation du fer pur, provenant de l'oxalate, répond d'ailleurs aussi à une objection d'un autre genre, faite par M. Caron. Cet habile chimiste avait constaté que le siliciure de fer se transforme, sous l'influence de l'oxyde de carbone, en silice et carbure de fer, et il avait cru, d'après cela, pouvoir attribuer la décomposition de ce gaz à la présence d'un peu de silicium dans les fers du commerce. Le silicium, en effet, manque rarement, mais lorsqu'on le dose on voit qu'il est hors de proportion avec le poids de carbone enlevé par le fer à l'oxyde de carbone. Cependant M. Margueritte n'a pu dépasser, dans ses expériences, le degré de carburation qui correspond à l'acier, et semble admettre qu'on ne pourrait obtenir de la fonte par ce procédé. Il se trompe à cet égard, car M. Stammer y est parvenu en faisant agir, pendant huit jours consécutifs, de l'oxyde de carbone sur le fer ; et d'ailleurs si l'oxyde de carbone est réellement *dissocié* à une température élevée, son action doit être la même que celle du carbone solide et pur. Or ce dernier transforme le fer en carbure, comme le prouvent les expériences suivantes.

Pour établir que le carbone cémente le fer sans intervention d'aucun autre élément il fallait opérer, comme pour l'oxyde de carbone, dans des vases imperméables aux gaz. M. Margueritte a placé dans un tube, doublement vernissé, une petite lame de fer doux, s'appuyant sur les bords d'une nacelle de porcelaine et, sur le fer, un diamant. Avant de chauffer le tube on y fit passer, pendant plusieurs heures, de l'hydrogène pur et sec afin d'en chasser tout l'oxygène qui aurait pu former de l'oxyde de carbone. Après cela, on chauffa le tube pendant quelque temps, et ouvrit l'appareil après refroidissement. La lame de fer était percée comme à l'emporte-pièce, et dans la nacelle on trouva un globule de fer carburé fondu. Dans une autre opération, on mit de la poudre de diamant dans la capsule de porcelaine, on y plongea l'une des extrémités d'un morceau de fil de fer, puis on chauffa également au milieu d'une atmosphère d'hydrogène pur et sec. Le fer ne fut cémenté que dans la partie plongée au milieu de la poudre, tandis que la partie extérieure n'était pas modifiée. On doit donc rejeter la volatilité du carbone admise par Laurent, et l'on voit, en définitive, que le carbone solide et l'oxyde de carbone carburent aussi bien, quoique moins rapidement, ce dernier surtout, que les composés gazeux, hydrocarburés et azotocarburés.

Ces dernières expériences prouvent d'ailleurs que l'azote n'est pas nécessaire pour cette carburation par le carbone pur. L'hydrogène, en effet, d'après M. Fremy lui-même, enlève l'azote au fer, en sorte que si cet élément était indispensable à la constitution de l'acier, l'aciération eût été impossible dans les expériences que je viens de citer, où le carbone et le fer se trouvaient au sein d'une atmosphère d'hydrogène pur.

La cémentation par le carbone solide résulte aussi de l'ancienne expérience de Réaumur déjà citée (page 66). Lorsqu'on plonge une barre de fer dans un bain de fonte en fusion, le fer est progressivement cémenté à partir de la surface. Et l'on sait aussi, par la pratique de M. Verdié de Firminy (Loire), que l'acier fondu, coulé sur du fer chauffé au rouge, s'y attache par soudage, en lui cédant un peu de carbone.

M. Margueritte a constaté d'ailleurs que le carbone chemine réellement de molécule à molécule, comme l'a prouvé déjà Gay-Lussac, en 1846, contrairement à l'hypothèse de M. Leplay (*). Lorsqu'une barre de fer un peu épaisse est faiblement cémentée, par n'importe quel procédé (par un gaz ou du charbon solide), la partie externe est seule carburée, tandis que le centre demeure intact. Mais si ensuite on chauffe longtemps la barre, au sein d'une atmosphère d'hydrogène, on verra le carbone s'avancer graduellement

---

(*) *Annales de physique et de chimie*, 3e série, t. XVII, p. 223.

de la surface vers le centre, en sorte que le fer sera, après refroidissement, faiblement carburé dans toutes ses parties. Ce mouvement des molécules solides, longtemps nié, paraît se rattacher à l'ordre de faits découverts par M. Tresca, dans ses intéressantes expériences sur la fluidité des corps mous.

Rappelons maintenant que lorsqu'on carbure ainsi le fer, par l'un quelconque des modes cités, on peut toujours, à volonté, obtenir de l'acier ou de la fonte. C'est une question de température et de temps; seulement la durée de l'opération et la chaleur nécessaire varient avec la nature du composé carburant. Le charbon très-divisé, l'hydrogène bicarboné, le cyanogène et les cyanures carburent plus rapidement que l'oxyde de carbone et le charbon en morceaux.

En partant des faits que je viens de résumer, la théorie de la cémentation dans les caisses me paraît facile à établir. Dans ces appareils, le fer est en présence du charbon, de l'oxyde de carbone et de l'hydrogène faiblement carburé. Chacune de ces substances contribue pour sa part à la carburation. L'oxyde de carbone fait la navette. Il est décomposé par le fer, puis de nouveau ramené par le charbon à l'état d'oxyde. Toutefois cette action est lente, et la carburation doit surtout être le fait du charbon solide. Mais à côté de cela ne se produit-il dans les caisses de cémentation aucune autre réaction ? On sait qu'il se forme des cyanures alcalins dans les hauts fourneaux, et même en général dans tout appareil où le charbon agit, au rouge intense, sur le carbonate de potasse et l'azote.

Or le charbon de bois renferme toujours du carbonate de potasse, et l'azote aussi ne manque pas dans les caisses à cémenter. Il s'y formera donc du cyanure de potassium qui, lui aussi, doit faire la navette. Le fer décompose le cyanogène, et le potassium, mis en liberté, reforme du cyanure. Une partie cependant se perd par volatilisation; aussi, à la longue, le charbon des caisses doit se trouver privé de tout alcali et perd alors, comme agent carburant, une partie de son efficacité première. On sait, en effet, que le vieux cément n'est jamais aussi actif que le cément frais, et s'il a perdu un peu d'hydrogène carboné dans une première opération, cette circonstance seule ne me semble pas suffire pour expliquer la différence d'action des deux céments.

Cependant M. Margueritte n'admet pas la formation des cyanures dans les caisses de cémentation (*). Il s'appuie sur les recherches de M. Cailletet, qui a bien rencontré de l'azote, de l'hydrogène et de l'oxyde de carbone dans le gaz qui s'échappe des caisses de cémentation, mais non du cyanogène ni des cyanures (**). Je reconnais l'exactitude des analyses, mais non celle des conséquences qu'en tire M. Margueritte. Le cyanogène et les cyanures se décomposent trop aisément, en présence du fer, pour résister à son influence. C'est le potassium et non le cyanure qui doit se volatiliser. On sait, au reste, que les cyanures et les cyanoferrures alcalins sont des agents de cémentation très-énergiques, et qu'on en fait depuis longtemps usage dans les arts, pour l'aciération du fer. Je ne puis donc admettre la théorie de M. Margueritte, qui nie la formation des cyanures, ni celle de M. Caron, qui assure que le carbone ne peut être apporté au fer que par un gaz (***). La vérité est entre deux. A mon avis, d'après ce qui précède, la cémentation, telle qu'elle est pratiquée dans les usines, paraît surtout due au charbon solide, mais résulte aussi de l'action carburante de

(*) M. Margueritte admet que, dans les caisses de cémentation, les cendres alcalines, ainsi que le baryte et la chaux, ne forment pas de cyanures et n'agissent sur le fer qu'en lui enlevant le soufre qu'il peut contenir (p. 83 de son mémoire). S'il en était ainsi, ces matières alcalines resteraient sans action dans la cémentation des fers purs, et dans ce cas le vieux cément ne devrait rien perdre de son efficacité.

(**) *Comptes rendus*, t. LX, p. 344.

(***) *Comptes rendus*, t. LII, p. 638 et 680.

plusieurs gaz, auxquels vient enfin se joindre très-probablement le cyanure de potassium.

Avant de clore cette discussion un peu longue sur les causes de la cémentation, qu'il me soit permis de relever encore quelques assertions un peu hasardées de M. Fremy.

Ce savant affirme que, dans l'ancienne théorie, les ampoules de l'acier cémenté ne s'expliquent pas (*). Cela serait vrai si le fer en barres était parfaitement pur. Mais qui ne sait, dans les forges, que le meilleur fer renferme toujours des particules scoriacées que le cinglage n'a pu expulser? Or, dès que le carbone pénètre dans une barre, il réduit ces silicates et dégage de l'oxyde de carbone. C'est ce gaz qui disjoint les barres et produit les ampoules; et cela est si vrai, que les fers mous qui renferment naturellement le moins de carbone et, par suite, le plus de parties oxydées, se couvrent précisément d'ampoules plus nombreuses et plus fortes.

M. Fremy assure aussi qu'on ne peut préparer de l'acier avec les fers phosphoreux, sulfureux ou siliceux, parce que leur azotation serait impossible (**). Que ces fers impurs ne puissent donner un acier tenace, cela est évident; mais dire que leur carburation, ou aciération, est impossible dans les caisses de cémentation, cela serait aussi peu exact que de prétendre qu'on ne peut obtenir des fontes avec les minerais sulfureux, phosphoreux ou siliceux. L'erreur vient de la différence, si peu justifiée, que M. Fremy a toujours voulu établir entre les termes de carburation et d'aciération; tandis qu'en réalité, je ne saurais assez le répéter, c'est une seule et même opération, donnant toujours, selon la durée du travail, la température des caisses et la nature de l'agent carburant, de l'acier d'abord, de la fonte ensuite. L'important est de conduire l'opération assez lentement

(*) *Comptes rendus*, t. LII, p. 627.
(**) *Comptes rendus*, t. LII, p. 635.

pour que le carbone ait le temps de pénétrer au centre des barres, sans surcarburer les parties externes. J'ajouterai, avec M. Margueritte, que le procédé actuel de la cémentation remplit ce but. Ce n'est pas lui qu'il faut chercher à modifier. Le problème à résoudre est plutôt d'obtenir de bons fers avec n'importe quel minerai. Or, sous ce rapport, il reste beaucoup à faire; non-seulement on ne sait pas épurer le fer, mais on ne connaît même pas l'influence spéciale de chacun des éléments étrangers sur les qualités essentielles du fer, de l'acier et de la fonte.

On élimine assez bien le soufre, en grillant les minerais ou les fondant avec un excès de castine. Au moment de l'affinage, on enlève aussi le manganèse et le silicium, et même une partie du phosphore, lorsqu'on maze ou puddle les fontes en présence de scories fortement basiques. Mais l'épuration n'est jamais parfaite, et les moyens font surtout défaut, lorsqu'il s'agit d'éliminer quelques autres corps, tels que le cuivre, le nickel et l'arsenic. En résumé donc, il reste encore vrai de dire qu'on ne peut obtenir de bon acier si l'on ne se sert de matières premières pures.

Cémentation et fusion simultanées au creuset.

Chalut et Clouet ont préparé de l'acier, dès le siècle dernier, en fondant le fer doux avec 1 à 2 p. 100 de poussière de charbon.

Mushet a pris en Angleterre, vers 1800, un brevet d'invention pour le mode même de fabrication. Et dès lors, plusieurs fabricants ont préparé l'acier fondu en grand par ce procédé. Je citerai, en particulier, MM. Fénéon et Frichou qui ont appliqué la méthode, à Saint-Étienne, dès 1850, dans l'usine des Rives. On fondait au creuset les limailles et tournures de fer ou d'acier, de la fabrique d'armes, en y mêlant un peu de charbon de bois. L'usine a marché ainsi avec succès pendant vingt ans. L'acier n'était pas, à la vérité, de première qualité, mais son prix de revient était peu élevé. D'autres fabricants de la Loire ont aussi appliqué et appliquent encore la même méthode, pour utiliser des rebuts divers, tels que bouts de barres, rognures, etc. On produit ainsi de l'acier commun.

En 1859, William Vickers de Sheffield et Heath demandent l'un et l'autre des brevets pour la fabrication directe de l'acier fondu. Le premier prend 100 de tournures de fer, 5 de peroxyde de manganèse et 5 de charbon de bois; le second, un mélange de fer, de matière charbonneuse et de 1 à 5 p. 100 de carbure de manganèse.

En 1856, Joseph Bennet Howell réclame un brevet pour produire, avec un mélange analogue, de l'acier doux qu'il appelle *métal homogène*.

Enfin, MM. Naylor et Vickers, fabriquent à Sheffield, depuis plusieurs années, presque exclusivement du fer homogène et de l'acier ordinaire, soit par la méthode de réaction, soit en fondant directement de petits morceaux de fer avec 2 p. 100 de poussière de charbon de bois. Leur usine contient 144 fours à deux creusets, recevant chacun 24 à 25 kilog. de métal.

On voit, par cette revue rapide, que la fabrication de l'acier, par cémentation et fusion simultanées, est devenue réellement un procédé pratique. On peut traiter ainsi toute sorte de fer, mais la bonté de l'acier dépend nécessairement de celle des fers. Un métallurgiste américain, *M. Farrar*, avait bien assuré, il y a quelques années, qu'à l'aide de certains mélanges (formés surtout de cyanures alcalins), il pouvait non-seulement rapidement carburer et fondre les fers, mais encore les épurer et obtenir de bon acier avec n'importe quel fer. Son Excellence M. le ministre des travaux publics nous chargea, M. Rivot et moi, d'assister aux expériences de M. Farrar et d'éprouver les aciers produits. Nous reconnûmes, comme on devait s'y attendre, que de bons fers donnaient de bons aciers, mais aussi les fers communs, de l'acier inférieur cassant à froid et à chaud. Ici donc le procédé d'épuration reste également à trouver.

En somme, la fusion immédiate au creuset est un procédé simple et facile à appliquer ; mais on arrive difficilement à un degré aussi fixe de carburation qu'en fondant, selon la méthode ancienne, un mélange d'aciers cémentés, triés avec soin au sortir des caisses.

Cémentation et fusion au cubilot. — Double affinage.

(Procédé Parry (*)).

La cémentation et fusion simultanées au creuset ne peuvent donner de bons produits que si les fers eux-mêmes sont purs. Mais ce qui est impossible à réaliser par une opération unique peut l'être, jusqu'à un certain point, par un *double* ou *triple* affinage.

C'est le principe du procédé Parry.

Les fontes anglaises ordinaires sont phosphoreuses et sulfureuses ; on ne peut les transformer en aciers marchands ni par réaction, ni dans l'appareil Bessemer. Le soufre et le phosphore restent en majeure partie dans le produit final. Mais lorsqu'on puddle ces fontes dans un bain de scories basiques, on réalise l'expulsion de la majeure partie des deux éléments ; c'est un fait aujourd'hui bien établi. M. Parry assure qu'il a souvent constaté, à Ebbwvale, que le soufre est ainsi ramené au tiers de sa teneur primitive, et le phosphore au quart ou au cinquième. On peut contester les chiffres ; ils doivent varier avec le mode de travail ; mais le fait lui-même de l'épuration partielle n'est pas douteux.

Le fer, ainsi épuré par le puddlage, est recarburé dans un cubilot de 3 à 4 mètres de hauteur sur 0m,50 à 0m,60 de diamètre. En se servant de coke pur et de castine en excès, on obtient de la fonte blanche à 2 ou 3 p. 100 de

(*) Brevet anglais de 1861, n° 2900 du 18 novembre.

carbone, que l'on affine pour acier. Cette dernière opération devait être faite par le procédé Martien de Newark, dont la compagnie d'Ebbwvale s'était rendue propriétaire pour le Royaume-Uni (*). Des difficultés diverses firent cependant adopter bientôt, pour ce dernier travail, la cornue Bessemer.

Voici donc comment on opère aujourd'hui à l'usine d'Ebbwvale (**).

On recarbure dans le cubilot, dont je viens de parler, des bouts de barre, des rognures, des massiaux puddlés, des fers de toute provenance. Pour faciliter le travail, on y ajoute une certaine proportion (poids égal en général) de bonne fonte d'hématite. Le produit coule directement dans la cornue Bessemer, où l'on affine pour fer doux, avec recarburation finale, par addition de fonte manganésifère, selon le mode généralement suivi. Le produit obtenu est suffisamment tenace pour supporter le laminage et donner des rails et des fers à T. C'est un acier commun, ou fer homogène ordinaire, mais qui pourtant, par le fait de son homogénéité même, sera toujours plus tenace que le même fer, mis en paquet et soudé au réverbère.

On voit donc que le procédé Parry, comme le travail par réaction, et mieux que ce dernier, à cause du double affinage, permet d'utiliser, pour la fabrication de l'acier commun, des fontes et des fers de qualité ordinaire.

A la vérité, la recarburation et le double affinage augmentent les frais. Le prix de revient de l'acier Parry excéderait le prix de l'acier Bessemer, si l'on devait traiter des matières identiques. Mais l'avantage du nouveau procédé réside précisément dans cette faculté de pouvoir affiner des fontes moins chères que celles que réclame l'appareil Bessemer.

(*) Brevet anglais de 1855, n° 2082 du 15 septembre.

(**) Notes manuscrites de M. Michel Lévy, élève ingénieur des mines.

Pour que le fer homogène et l'acier fondu puissent, dans l'établissement des voies ferrées et dans les grands travaux de construction, prendre la place des barres laminées ordinaires, obtenues par soudage, il faut ne pas être réduit à l'emploi exclusif des minerais purs. Toute méthode qui ne sait pas traiter les minerais communs, restera fort limitée dans ses applications et sera bientôt frappée de mort. Le procédé Bessemer, tel qu'il est pratiqué aujourd'hui, est malheureusement dans ce cas. Il lui faut des fontes pures. On peut y remédier par la méthode Parry, et même en partie par le procédé Martin. C'est là, à mes yeux, l'avantage principal des méthodes nouvelles. La solution n'est pourtant ni complète ni radicale. L'épuration *parfaite* des minerais ou des fontes ne sera probablement jamais réalisée. Il faut se contenter de simples expédients. Or le procédé nouveau permet déjà d'utiliser pour acier, des matières moins pures que celles que l'on était habitué d'employer jusqu'à présent. C'est une voie nouvelle ouverte au progrès, et une voie qui, à mon sens, a le grand avantage de ne pas faire table rase de tout ce qui existe. Les fours de puddlage trouvent encore leur emploi. Par les procédés anciens on transformera les minerais communs en massiaux puddlés ; et ces massiaux seront plus ou moins recarburés, par voie de réaction au réverbère Martin, ou par fusion au cubilot Parry.

Mais le puddlage proprement dit est-il bien nécessaire ? Il faudrait tenter de le remplacer par un simple mazéage, pratiqué au bas foyer ou au réverbère, sous un bain de scories basiques. Le métal, ainsi raffiné par un premier travail, serait ensuite recarburé dans le cubilot Parry, ou même repassé dans le haut-fourneau, avec des minerais de choix. Le principe de l'épuration *progressive*, opérant tour à tour par oxydation et recarburation, me paraît fécond en résultats.

L'exemple est donné : il s'agit de le suivre, car les minerais purs seraient promptement épuisés si l'on devait délaisser les minerais communs. Il est évident, d'ailleurs, que le principe en question peut recevoir les applications les plus variées; aussi, je ne doute pas, que les praticiens ne se livrent bientôt dans cette voie à de nombreux essais.

Une observation encore avant de finir.

L'acier Bessemer, l'acier Martin, l'acier Parry sont, depuis peu, laminés pour rails, dans bon nombre d'usines, et les compagnies de chemins de fer paraissent surtout exiger pour cette fabrication des aciers durs. C'est bien, si les fontes sont pures, comme en Suède et en Autriche; c'est une erreur, je crois, lorsqu'on a affaire aux fontes ordinaires. Pour que les rails ne soient pas alors cassants, il faut que l'acier soit plutôt doux et presque du fer homogène. Si l'on ne peut unir la ténacité à la dureté, il faut plutôt rechercher la ténacité et sacrifier la dureté.

Méthode de M. le professeur Eggertz de Fahlun pour la détermination du carbone dans les aciers.

La détermination des proportions de carbone dans les aciers devient une nécessité de l'état actuel de l'industrie des fers. Je viens de montrer, dans les pages précédentes, que la classification des aciers Bessemer, en Suède et en Autriche, repose sur leur teneur en carbone, et que, dans la méthode Martin, il serait fort utile de pouvoir rapidement déterminer les proportions de carbone des petits lingots d'acier, pris aux diverses phases de l'opération.

Les méthodes d'analyse ordinaires, fondées sur la combustion du carbone ou sur la dissolution du fer par le brome, l'iode, le chlorure de cuivre, etc., sont longues et délicates. On ne peut y songer dans un laboratoire d'usine. Il fallait une méthode plus expéditive et pourtant sûre. Celle qui a été imaginée, il y a quelques années, par M. le professeur Eggertz de Fahlun, me paraît remplir cette double condition : grâce à un appareil modèle dont l'inventeur a fait don au laboratoire de métallurgie de l'École des mines de Paris (*), j'ai pu appliquer la méthode nouvelle et m'assurer de la constance des résultats fournis dès que l'on opère avec quelque attention. Je crois donc pouvoir la recommander aux fabricants d'acier en France ; et, pour en faciliter l'adoption, je vais la décrire avec quelques détails, en m'appuyant sur les essais auxquels je me suis livré, et en prenant pour guide le mémoire même de M. Eggertz, traduit du suédois, dans le journal allemand des mines de MM. B. Kerl et Bornemann (année 1863, p. 369).

La méthode de M. Eggertz est un procédé colorimétrique basé sur l'emploi de liqueurs titrées. Elle repose sur le fait suivant : Lorsqu'on traite du fer carburé par de l'acide azotique, légèrement étendu et chaud, le carbone combiné se transforme en un produit organique, fortement coloré, tandis que le graphite n'est pas attaqué. En diluant la liqueur, on peut l'amener à la force d'une dissolution *normale*, provenant d'un acier de composition connue, et conclure alors de son volume la teneur en carbone du métal essayé.

Voici comment on opère :

On se sert d'acide azotique pur ; il doit être exempt de chlore, pour que la dissolution ferreuse ne devienne pas jaune. On étend l'acide jusqu'à ce que sa densité soit de 1,20, ce qui correspond au degré 24 de l'aréomètre de Beaumé.

L'attaque se fait dans un petit tube de verre de $0^m,10$ à $0^m,12$ de longueur sur $0^m,010$ à $0^m,012$ de diamètre. On opère sur $0^{gr},10$ de limaille fine, passée à un tamis métallique, dont les trous ont moins de $0^m,004$ de diamètre. Pour ces $0^{gr},10$ de limaille, il faut 1,5 à 2 centimètres cubes d'acide à 24° B, si l'acier renferme peu de carbone, et 4 à

(*) C'est l'appareil qui a figuré, l'an dernier, parmi les produits de l'exposition suédoise au champ de Mars.

5 lorsque la proportion de carbone est forte, comme dans le cas d'une fonte blanche par exemple.

Dès que l'acide est versé dans le tube à limaille, ou que celle-ci est projetée dans l'acide, la dissolution du fer se fait avec effervescence et presque instantanément. Dans la liqueur ferreuse on voit alors en suspension des flocons noirs plus ou moins abondants, qu'il faut dissoudre à *chaud*, car à froid la réaction est lente ou presque nulle. Il faut, de plus, opérer constamment à la même température et dans les mêmes circonstances. Pour cela, on chauffe le petit tube d'attaque au bain-marie, à 80° C. Je me suis servi à cet effet d'un simple creuset en porcelaine de 0^{m},07 à 0^{m},08 de hauteur, contenant 0^{m},025 à 0^{m},030 d'eau, dans laquelle plonge, avec un thermomètre, le tube d'attaque, ou même deux ou trois tubes pareils, car on peut, sans difficulté, faire plusieurs attaques simultanément. Un très-petit jet de gaz, ou une faible flamme d'une lampe à esprit-de-vin permet de régler facilement le degré de chaleur sans variations notables. On voit alors les flocons noirs se dissoudre peu à peu, avec dégagement de gaz, et la liqueur se foncer en proportion. Au bout de deux à trois heures, la dissolution est complète ; tout dégagement de gaz cesse. C'est la fin de l'attaque. On refroidit la liqueur en plongeant le tube dans de l'eau fraîche, puis on la verse dans une burette, graduée en dixièmes de centimètre cube. Enfin, avec une pipette, on étend d'eau pure, jusqu'à ce que la teinte soit exactement celle de la dissolution titrée. Pour que la comparaison soit rigoureuse, il faut que la liqueur normale soit placée dans un tube du même diamètre que la burette et fait avec le même verre. On jugera de l'identité des deux teintes en les comparant par transparence contre le jour ; ou mieux, en plaçant les deux tubes au devant d'une feuille de papier blanc, convenablement éclairée par lumière diffuse.

On peut ainsi, avec quelque habitude, facilement arriver

à un degré de précision, mesuré par 1 à 2 dixièmes de centimètre cube, ce qui donne la teneur en carbone à 1 ou 2 dix-millièmes près.

La liqueur normale se trouve en effet titrée de façon à mesurer autant de centimètres cubes que l'acier type renferme de millièmes de carbone. Or, dans la pratique, cette approximation est plus que suffisante, puisque la proportion de carbone varie de 25 dix-millièmes, d'un numéro de dureté au suivant, en adoptant l'échelle *Tunner*.

Pour obtenir des résultats concordants, quelques précautions sont cependant nécessaires. La dissolution doit être faite avec un acide toujours identique, et vers 80°, comme je l'ai dit ci-dessus. La nuance pâlit si l'on chauffe la dissolution, pendant deux ou trois heures, à plus de 80°, et la teinte devient un peu trop foncée, lorsque l'attaque se fait au-dessous de 80°. Mais en maintenant le bain-marie vers 80°, on trouve facilement des nombres constants. A plusieurs reprises le même acier m'a donné, dans trois ou quatre attaques successives, à 1 ou 2 dix-millièmes près, des teneurs rigoureusement identiques.

M. Eggertz a observé aussi que les teintes pâlissent un peu au bout de quelques jours. Il faut donc comparer les nuances le jour même où l'attaque a été faite, et renouveler souvent la dissolution normale, ce qui n'est pas difficile, puisqu'on peut faire simultanément plusieurs attaques. Il faut seulement avoir à sa disposition un acier *type* dont on a rigoureusement déterminé la teneur en carbone par les procédés ordinaires. Si un pareil échantillon tient, par exemple, $0^{m},0075$ de carbone, il suffira d'en traiter $0^{gr},10$, comme je viens de le dire, et d'étendre la dissolution froide dans la burette, jusqu'à ce qu'elle mesure $7^{c.c.},5$. Ce sera la liqueur titrée dont chaque centimètre cube correspond à un millième de carbone. On peut cependant préparer une liqueur normale qui se conserve assez bien à l'abri du jour, à l'aide de sucre faiblement brûlé, dissous dans de l'alcool étendu de son volume d'eau. L'appareil de l'Exposition, aujourd'hui à l'École des mines, renferme une teinture pareille, dans un tube fermé à la lampe et gardé à l'abri du jour dans un étui. A l'aide de l'acier-type, fourni par le même appareil, j'ai pu constater que la préparation alcoolique avait presque conservé sa force, quoique obtenue depuis huit ou dix mois. La teinte avait cependant un peu pâli, mais le ton de la nuance était bien le même que celui de l'attaque azotique de l'acier.

Si, à la fin de l'attaque et après décantation de la dissolution dans la burette, on remarque au fond du tube de verre quelques parcelles noires attaquées, on ajoutera deux ou trois gouttes du même acide à 24° B, puis on chauffera à la lampe. S'il ne se dégage rien, ces parcelles se composent de graphite qui n'est pas dissous par l'acide en question. En tout cas, on ajoutera ces quelques gouttes à la liqueur de la burette avant d'y verser l'eau pure pour opérer le titrage.

La méthode que je viens d'exposer donne uniquement le carbone *combiné;* mais cela suffit en général, car, dans les usines, on essaye surtout les lingots Bessemer, ou les éprouvettes du procédé Martin; or, dans les deux cas, le refroidissement du métal est assez brusque pour empêcher la précipitation d'une partie notable du carbone dissous. En tout cas, si l'on voulait doser le graphite, il suffirait de dissoudre dans l'acide azotique étendu, 5 à 10 grammes de l'acier en question, et de poursuivre l'opération jusqu'à disparition complète de tout dégagement gazeux. Le résidu insoluble se compose de graphite, mêlé d'un peu de silice. Après avoir filtré et pesé, on incinérerait la matière charbonneuse, pour en distraire le poids de la silice.

Lorsque la proportion de carbone est très-faible dans les aciers, de 1 à 4 ou 5 millièmes par exemple, comme dans les fers homogènes, il se peut que la dissolution obtenue soit plus pâle que la liqueur normale ordinaire. Dans ce cas, il suffit d'étendre celle-ci de façon à obtenir une nouvelle dissolution titrée, dont le centimètre cube correspond à un demi ou à un tiers de millième de carbone.

La méthode Eggertz peut être appliquée aux fontes; mais elle est d'autant moins exacte que la proportion de carbone combiné est plus considérable.

Je dirai en terminant que, pour vérifier la méthode Eggertz, j'ai analysé, par le brôme, deux des éprouvettes Martin, de l'usine Verdié, dont j'ai parlé page 82.

Le n° 3 m'a donné, sur 17gr,128, 0gr,129 de carbone, soit 0,0076, qui est aussi la teneur fournie par la méthode Eggertz.

Le n° 4, sur 14gr,662, a donné 0gr,1295 de carbone, soit 0,0088, tandis que par la méthode Eggertz j'ai trouvé 0,0086 à 0,0087.

J'ai aussi essayé la fonte miroitante de Saint-Louis, dont j'ai donné l'analyse, page 10. Elle m'a donné 0,0400 de carbone, tandis que l'analyse en question en accuse 0,0404.

Je rappellerai enfin que, si le carbone est l'élément d'où dépendent surtout la dureté et la ténacité de l'acier, on ne doit jamais oublier que d'autres substances aussi modifient profondément les qualités du métal. Il ne faut pas demander à la méthode Eggertz ce qu'elle ne peut donner. Elle ne permet pas de comparer deux aciers d'origine différente. On ne peut négliger, dans ce cas, le soufre, le phosphore, le cuivre, le silicium, etc., que les aciers peuvent renfermer. Mais dans une usine, où l'on traite habituellement des matières premières identiques, les aciers fabriqués ne doivent guère différer l'un de l'autre, que par les proportions de carbone, et c'est alors surtout que la méthode Eggertz peut rendre d'utiles services.

Dosage du soufre dans les aciers et la fonte.

M. le professeur Eggertz s'est occupé aussi de la recherche du soufre dans les aciers et la fonte. Son travail a paru en suédois, dans les *Annales du Comptoir de fer*, de Stokholm, en 1860, et fut traduit en allemand, en 1862, dans la *Berg und hütten männische Zeitung* de B. Kerl, p. 88. J'extrais ce qui suit du journal allemand (*).

M. Eggertz a constaté d'abord, ainsi que le remarque aussi M. Rivot (**), que l'attaque des fers par l'eau régale ne fait pas passer la totalité du soufre à l'état d'acide sulfurique, et que la présence de l'acide azotique est gênante dans les opérations ultérieures. Le savant suédois préfère l'attaque par une dissolution aqueuse de chlorate de potasse, à laquelle on ajoute peu à peu de l'acide chlorhydrique. En maintenant constamment la liqueur en ébullition, M. Eggertz s'est assuré qu'il ne se dégageait pas alors d'hydrogène sulfuré.

Pour 5 grammes de métal, réduit en limaille ou en poudre fine (***) et passée au tamis, dont les trous ont moins de 0m,0004, on prend 10 grammes de chlorate de potasse dissous dans 200 centimètres cubes d'eau.

Dans la dissolution aqueuse bouillante, contenant la limaille métallique, on verse d'abord goutte à goutte, puis peu à peu plus rapidement, jusqu'à 60 centimètres cubes d'acide chlorhydrique de 1,12 de densité. Il faut une demi-heure à 40 minutes pour l'attaque; on évapore ensuite à sec, au bain-marie, pour chasser les réactifs en excès. Après cela, on reprend par un peu d'acide et d'eau et l'on filtre, puis on dose l'acide sulfurique, dans la liqueur filtrée, par le chlorure de barium, avec les précautions connues.

Mais cette méthode d'analyse est longue, et le temps manque souvent dans les usines. M. Eggertz a donc cherché un procédé plus rapide qui, sans prétendre à une exactitude rigoureuse, pût au moins fournir quelques indica-

(*) M. Rinman vient de traduire cet article en français dans les *Annales des mines*.

(**) *Docimasie*, t. III, p. 541.

(***) La fonte est pulvérisée dans le mortier d'Abich en acier.

tions utiles sur le degré de sulfuration approximatif des fontes, fers et aciers. Le procédé est fondé sur la nuance plus ou moins foncée, jaune, brune ou bleue, développée sur une plaque d'argent, par le dégagement de faibles traces d'hydrogène sulfuré.

Dans un flacon bouché à l'émeri de $0^{m},025$ de diamètre sur $0^{m},15$ de hauteur, on verse 1 gramme d'eau et $0^{gr},50$ d'acide sulfurique concentré (soit $1^{c.c.},3$ d'acide à 1,23 de densité), puis on introduit dans le même flacon $0^{gr},10$ du métal en poudre fine (passée au tamis de $0^{m},0004$), et l'on plonge de suite, dans le haut du flacon, une petite lame d'argent, fraîchement décapée, retenue par un mince fil de platine, pincé entre le goulot et le bouchon de verre.

A la température ordinaire de la chambre, le fer se dissout en moins de 15 minutes; en sorte que la lame peut être retirée au bout de ce temps pour être examinée.

Voici l'échelle de couleurs, dressée par M. Eggertz à la suite d'expériences nombreuses.

Il représente par n° 1, la nuance blanche de la lame d'essai, fraîchement décapée, formée de 75 d'argent et 25 de cuivre;

Par n° 2, la nuance jaune d'un alliage-type, que l'on peut obtenir en fondant ensemble 60 de cuivre et 40 d'étain.

Par n° 3, le brun tombac, que donne assez exactement un mélange de 85 de cuivre et 15 de zinc;

Par n° 4, le bleu foncé d'un ressort de montre, convenablement recuit.

Aux nuances intermédiaires correspondent ces mêmes nombres, suivis d'un ou de plusieurs dixièmes. En comparant ces nuances aux proportions de soufre, rigoureusement déterminées par la méthode d'analyse ci-dessus mentionnée, M. Eggertz a pu dresser le tableau suivant :

Le n° 1	correspond	à.	0 soufre.
1, 2	*id.*	. . . .	0,0001
2	*id.*	. . . .	0,0002
2, 5	*id.*	. . . .	0,0003
3	*id.*	. . . .	0,0004
3, 1	*id.*	. . . .	0,0005
3, 2	*id.*	. . . .	0,0006
3, 3	*id.*	. . . .	0,0007
3, 5	*id.*	. . . .	0,0008
3, 6	*id.*	. . . .	0,0009
3, 7	*id.*	. . . .	0,0010
3, 8	*id.*	à un minimum de.	0,0012
3, 9	*id.*	. . . . *id.*	0,0015
4	*id.*	. . . . *id.*	0,0020

Il est évident que ces appréciations ne peuvent être complétement rigoureuses, et qu'il est surtout difficile de saisir exactement les nuances comprises entre les n°s 3 et 4. Cependant on arrive, avec quelque habitude, à estimer assez bien, pour les besoins de la pratique, les teneurs inférieures à 0,001.

Pour réussir, quelques précautions sont nécessaires La lame d'argent doit être chaque fois fraîchement décapée, sur un repassoir en cuir, légèrement saupoudrée de sable fin. Il faut pour cela tenir la lame avec une pince et non entre les doigts, puis l'essuyer avec du papier à filtrer. En l'introduisant dans le flacon, il faut avoir soin de ne pas non plus la toucher avec les doigts, et de la suspendre verticalement, suivant le plan diamétral du flacon, sinon les deux faces seraient inégalement colorées. Il convient de ne pas faire l'attaque à plus de 30°, sans cela la lame se couvre de gouttelettes et la coloration se fait irrégulièrement. Enfin, pour juger des nuances, il faut placer la lame d'essai à la lumière diffuse, sur une table couverte de papier blanc, côte à côte avec les nuances-types (n°s 1, 2, 3 et 4), et les comparer à la loupe.

Les expériences nombreuses, auxquelles M. Eggertz s'est

livré sur les proportions de soufre contenues dans les fers, les aciers et les fontes, ont donné les résultats suivants :

Le fer de première qualité ne produit souvent pas le moindre effet sur la lame d'argent ; mais comme le soufre est inégalement réparti, il faut répéter l'expérience sur de la limaille prise sur divers points d'une même barre.

Du fer aciéreux fondu peut donner la nuance n° 3 (ou 0,0004 de soufre), et pourtant supporter facilement le percement à chaud ; tandis que certains fers, simplement corroyés, peuvent se gercer à chaud, lors de la même épreuve, même en ne renfermant que 0,0002 de soufre, marqués par la nuance n° 2.

On voit ici l'heureuse influence de l'homogénéité due à la fusion. Dans le premier cas, le métal n'est pas rouverin, malgré 0,0004 de soufre, tandis que les parcelles oxydées ou mal affinées, non expulsées lors du cinglage, rendent le fer sensiblement rouverin, dans le deuxième cas, malgré une moindre proportion de soufre.

Du fer, provenant d'un bon rail anglais, a donné 0,0011 de soufre. Il n'a pu être étiré en barres minces. Les arêtes se gerçaient à chaud.

Les aciers fins les plus réputés ne colorent pas la lame d'argent au delà du n° 1,5 ; ainsi ils renferment moins de 0,0002 de soufre.

La fonte est rarement exempte de soufre. La plupart des fontes suédoises donnent les nuances n°s 2 à 3. Les fontes à canon de Finspong atteignent les n°s 3,5 à 3,7 : soit 0,0007 à 0,0010 de soufre. Lorsque, dans les fontes, la teneur ne dépasse pas le n° 3, l'affinage donnera sans difficultés du fer non rouverin, ou, s'il est néanmoins rouverin, ce sera le fait d'un autre élément. Mais lorsque la nuance approche du bleu intense (n° 4), le fer doux sera presque toujours plus ou moins cassant à chaud.

Quant à la distribution du soufre, M. Eggertz confirme l'observation déjà ancienne, qu'il est plus abondant vers le haut des gueuses qu'au fond, et qu'il est en général inégalement réparti dans les fontes.

Pour apprécier de faibles proportions de soufre dans un minerai de fer, on peut le réduire au creuset brasqué et soumettre le culot au mode d'essai dont il vient d'être parlé. Mais il faut que la scorie soit très-siliceuse, sinon une partie du soufre est retenue par la chaux. Ainsi un même minerai a donné dans le culot 0,0009 de soufre, lorsqu'il a été réduit avec 15 p. 100 de quartz; 0,0004 avec 5 p. 100 de chaux, et 0,0001 à 0,0002 seulement avec 20 p. 100 de chaux.

Il faut d'ailleurs s'assurer de l'absence du soufre dans la brasque et la castine. L'essai de la brasque se fait en fondant simplement du fer pur dans le creuset brasqué, et soumettant le culot broyé à l'essai pour soufre. Quant à la castine, on fond du fer pur, au creuset brasqué, avec poids égal d'un mélange, formé à peu près de 0gr,6 d'argile sèche pour 0gr,4 de chaux.

NOTE ADDITIONNELLE.

J'ai dit, page 112, qu'il ne faut demander à la méthode Eggertz que ce qu'elle peut donner. J'ai rappelé, en particulier, que si les qualités de l'acier dépendent surtout de la teneur en carbone (p. 17), d'autres éléments modifient également sa ténacité, sa dureté, etc. La méthode Eggertz ne peut servir à comparer les aciers qui proviennent de matières premières différentes. Il faut, dans ce cas, une analyse complète et tenir compte de tous les éléments. Ces conclusions viennent d'être confirmées par un essai fait à Neuberg.

M. Tunner m'écrit de Vienne, sous la date du 29 février, que l'on a traité tout récemment à Neuberg, dans l'appareil Bessemer, à titre d'essai, une fonte au coke. L'acier obtenu correspondait, d'après ses propriétés physiques, au n° 3 de l'échelle Tunner. C'était un bon acier fondu ordinaire, très-dur, difficile à souder, tandis que, d'après son contenu en carbone, il méritait seulement le n° 6.

Analysé à Vienne, d'une façon plus complète, on y a trouvé, comme par la méthode Eggertz, au plus 0,005 de carbone, mais, par compensation, près de 0,010 de silicium.

On voit, par cet exemple, que le silicium peut, jusqu'à un certain point, remplacer le carbone dans les aciers comme dans les fontes. C'est une preuve de plus de la continuité de la série, *fonte, acier, fer doux*. Toutefois, je crois pouvoir affirmer, en me basant sur la pratique des forges, que les aciers au carbone pur n'en conservent pas moins une grande supériorité sur les aciers au silicium, à l'aluminium, etc., dont le fer tient en dissolution d'autres éléments que le carbone.

LÉGENDE EXPLICATIVE DES PLANCHES.

Pl. I. *Laminoir oscillant à secteurs cylindriques, recevant le mouvement à l'aide de bielles.*

Fig. 2. Plan du laminoir et de la machine motrice.
Fig. 1. Coupe verticale perpendiculaire à l'axe du laminoir.
Fig. 3. Élévation parallèle à l'axe du laminoir.
Fig. 4. Coupe du cylindre moteur.

m Cylindre moteur.
l' Tige du piston.
pp Bielles du secteur supérieur.
O Bielle du secteur inférieur.
n Traverse ou tête reliant les bielles à la tige du piston.
D Secteur à cannelures supérieur.
C Secteur à cannelures inférieur.
C² et D² Points d'attache des bielles.

Pl. II. *Laminoirs oscillants à secteurs cylindriques, recevant le mouvement à l'aide de crémaillères.*

Fig. 1 et 2 représentent le laminoir à crémaillère SIMPLE.
Fig. 1. Coupe verticale perpendiculaire à l'axe du laminoir.
Fig. 2. Coupe verticale parallèle à l'axe du laminoir.

k Cylindre moteur, recevant de l'eau sous pression, de façon à pouvoir varier à volonté le sens et l'étendue de la course.
j'' Tige du piston.
jj Crémaillère simple.
i' j' Galets supportant la crémaillère.
ii Secteur denté, fixé comme manivelle à l'un des bouts du cylindre lamineur inférieur.
C Secteur à cannelures inférieur.
D Secteur à cannelures supérieur.

Ils sont reliés l'un à l'autre par les arcs dentés C', D'.

Fig. 3 et 4 Représentent le laminoir à crémaillère DOUBLE.
Fig. 3. Coupe verticale perpendiculaire à l'axe du laminoir.
Fig. 4. Coupe verticale, parallèle à l'axe du laminoir.

m Cylindre à vapeur.
l' Tige du piston.
l Crémaillère double.
C et D Les deux secteurs à cannelures.
C' et D' Les deux segments dentés mus par la crémaillère.

Pl. III et IV. *Presse à forger de M. Haswell.*

Pl. III. *Fig.* 1. Représente le plan de la presse et de l'appareil moteur.

Pl. IV. { *Fig.* 1. L'élévation de la presse proprement dite.
Fig. 2. Une coupe verticale par l'axe de la presse.

a Cylindre à vapeur donnant la pression.
k Appareils qui mettent en jeu le tiroir des cylindres à vapeur.
cc Tiges de piston du cylindre *a*, formant pistons plongeurs dans les deux pompes aspirantes et foulantes *p*.
tt Tuyaux d'aspiration des pompes *p*.
rr Récipients d'air pour régulariser le travail des pompes *p*.
t' t' Tuyaux amenant l'eau refoulée dans le corps de la presse P.
P Corps en fonte de la presse, présentant deux cylindres superposés, l'un inférieur dans lequel se meut le piston forgeur G, l'autre supérieur dans lequel se meut le contre-piston C qui sert à remonter le piston G.
ff Bielles reliant les pistons G et C.
Q Chabotte de l'enclume, supportant le corps de la presse au moyen de quatre colonnes en fer.
d Tuyau qui établit la communication entre le réservoir *l* et la presse P.
ss Soupapes à tiges destinées à ouvrir ou fermer la communication entre les pompes *p* et la presse à forger, et entre la presse et le réservoir *l*.
i, *h* Leviers pour la manœuvre des tiges de soupapes ci-dessus. Ces leviers sont mis en mouvement par de petits cylindres à vapeur non figurés sur le plan.
l Réservoir recevant l'eau de la presse quand on remonte le piston forgeur. Ce réservoir est divisé en deux par un piston. Il supporte l'eau dont on vient de parler, tandis que la vapeur agit sur sa face inférieure.
m Réservoir fournissant l'eau d'alimentation aux pompes *p*. Il reçoit en même temps le trop-plein de l'appareil *l*.

Voici maintenant le jeu de l'appareil :

Le piston forgeur G étant au bout de sa course, et la pièce à forger en place, sur l'enclume, avec les matrices qui doivent lui donner sa forme, on dispose les soupapes *ss* de manière à ouvrir la communication entre le réservoir *l* et le cylindre de la presse à forger, puis on fait agir la vapeur sur la face inférieure du piston du réservoir *l*; l'eau chassée fait rapidement descendre le piston forgeur G jusqu'en contact des matrices ou de la pièce à forger. Alors on change la position des soupapes *ss*, pour mettre la presse en communication avec les pompes *pp*, et l'on fait marcher la machine *a* jusqu'au degré de compression que l'on peut obtenir.

On change de nouveau la position des soupapes *ss*: les pompes relèvent le contre-piston C, et le grand piston G refoule l'eau dans le réservoir *l*.

On retourne la pièce à forger et les mêmes manœuvres recommencent.

Dans la machine construite pour M. de Mayr de Léoben, la pression de l'eau était de 405 kilog. par centimètre quarré; par suite on obtenait, sur le grand piston de 49 centimètres de diamètre, une pression totale de 764 tonnes. On forge ainsi des tiges de piston, des têtes de bielles, des éléments de roues en fer, etc.

Pl. IV. *Fig* 3. Représente un croquis de la presse à forger de M. Bessemer. Elle est plus simple que la presse Haswell, et se compose d'une ferme ou cage en fonte A, semblable à celle d'un gros laminoir. Elle est munie d'une puissante vis en acier fondu BB, qui agit sur la face supérieure d'une forte masse de fonte C, disposée à la façon d'un marteau-pilon, et glissant comme lui le long des deux montants de la ferme. Le marteau est pourvu d'une panne ordinaire ou d'une panne matrice D. Il est suspendu, par une forte tige *ff*, à un levier à contre-poids qui relève le marteau dès que la vis n'agit plus sur lui.

La tige *ff* passe par l'axe de la vis, percée à cet effet de part en part.

La pièce à forger E est placée sur la panne F de l'enclume. Celle-ci est mobile et ressemble au grand piston renversé de la presse Haswell. Elle se compose d'un fort piston qui a 60 centimètres de diamètre vers le haut, le tiers ou le quart dans le bas. Une rainure, creusée le long du cylindre inférieur permet à l'eau d'agir sur la double base du piston G.

L'eau est refoulée directement par le piston J à l'aide d'une puissante machine à vapeur. Lorsqu'on veut se servir de la presse, on descend le marteau C jusqu'à une distance de l'enclume qui soit un peu supérieure à l'épaisseur de la pièce à forger, puis on donne le mouvement à la pompe J. Si la machine à vapeur est pourvue d'un fort volant, on peut, à volonté, faire agir l'appareil par pression lente, ou par une sorte de pression brusque ou de choc.

Dans le premier cas, on descend le marteau C jusque sur la pièce à forger, et la pression se fait sentir dès que la machine est mise en mouvement. Dans le second, on laisse entre eux deux un certain intervalle; alors le piston J pousse le grand piston G avec une vitesse accélérée, et au moment où la pièce E rencontre la panne D, il y a choc et violente pression, dus à l'action du volant de la machine. En abaissant successivement le marteau C, à l'aide de la vis D, on peut forger ou étirer comme sous un marteau ordinaire.

Dans la machine construite par M. Bessemer, on arrive sur l'enclume jusqu'à la pression de 1.000 kilog. par centimètre quarré, ce qui est suffisant pour le forgeage de l'acier par pression lente.

Pl. V. *Marteau double de M. Ramsbottom à machine motrice unique.*

Fig. 1. Coupe verticale du marteau double et de la machine motrice.
Fig. 2. Plan du marteau double.
Fig. 4. Élévation transversale suivant XY du plan (2).
Fig. 3. Coupe transversale suivant UV du plan (2).

aa Représentent les deux marteaux supportés par les galets *bb* qui roulent sur les rails *cc*.

Les deux marteaux sont mus simultanément par l'appareil à vapeur, composé du cylindre *d*, du piston *d'*, du tiroir cylindrique *d'*, etc. La tige du piston est fixée à une traverse qui est guidée par des glissières, et la traverse elle-même est liée aux marteaux par les doubles bielles *e'*. L'axe en fer a^4, qui traverse le marteau et supporte les bielles, est garni, sur chaque face, de morceaux de cuir empilés et graissés, pour amortir la réaction des coups de marteaux.

Le tiroir d^2 est manœuvrée par le levier d^3 dont les positions extrêmes sont marquées en lignes ponctuées.

La soupape d'arrêt d^4 est ouverte et fermée par le levier d^5.

A la traverse de la tige du piston est fixé un arrêt d^6 qui soulève le levier d^7, lorsque le piston est arrivé au haut de sa course. Un autre taquet peut de même agir automatiquement sur le levier d^7, pour produire le mouvement en sens inverse. Mais en général on limite plutôt la course du marteau à l'aide du levier à main d^3.

Le lingot à marteler *g* est placé dans la caisse *i*, soutenu lui-même par le châssis i_2, que l'on peut à volonté soulever ou abaisser à l'aide du levier i_3 et des tiges et contre-poids i_5 et i_6. Le châssis i_2 se meut dans les glissières i_4.

Le caisson, et par suite le lingot à marteler, peut aussi se mouvoir horizontalement autour de son axe. On se sert à cet effet de la roue à manettes *j*, qui communique avec le caisson à l'aide des tringles et leviers j^2, j^3, j^4, j^5, j^6. Chaque fois que la roue *j* tourne de 90°, le lingot décrit le même angle. On peut donc à volonté relever ou abaisser, tourner à droite ou à gauche, le lingot à marteler.

Pl. VI. *Four à acier de M. Bérard.*

Fig. 1. Coupe longitudinale.
Fig. 2. Coupe transversale suivant XY de *fig.* 1.

A et B représentent les chariots en tôle qui supportent les soles. On peut les soulever à l'aide de vis, après leur mise en place. Le joint hydraulique *ab* empêche la fuite des gaz chauds.

CC' figurent les deux bassins où s'affine la fonte.

DD sont les soles inclinées sur lesquelles on charge les gueusets de fonte.

G est le four à briques à jour, rempli de coke. Il est pourvu d'une trémie de chargement à fermeture hydraulique.

en EE sont les tuyères annulaires qui amènent les gaz combustibles et l'air chaud.

ii représentent les rampants par où les gaz brûlés se rendent à la cheminée.

en F (*fig.* 2) on voit la crémaillère, portant la tuyère plongeante, qui permet de lancer, dans le bain de fonte, l'air qui doit produire l'affinage et les gaz qui doivent épurer et recarburer.

N représente le système des boîtes, soupapes et tuyaux, qui permet de renverser le sens des courants gazeux.

Pl. VI. *Four à acier de M. Heath.*

Fig. 3. Plan.

Fig. 4. Coupe verticale suivant XY du plan.

Fig. 5. Coupe transversale suivant UZ.

A représente le cubilot dans lequel est refondue la fonte. Celle-ci coule par le canal KK, dans le four à acier C.

à droite et à gauche du canal KK s'étend la sole BB, chauffée par la flamme perdue du four C. On y chauffe au rouge blanc le fer doux qui doit réagir sur la fonte. Le chargement se fait par la porte D. Dans la cheminée de ce four à chaleur perdue, on a installé un appareil à air chaud I, qui alimente, par le tuyau HH, les tuyères *mm* ; ces tuyères sont annulaires. L'air chaud arrive par le conduit central ; le gaz, provenant d'un générateur, se rend par le tuyau GG, dans l'espace annulaire qui entoure les tuyères à air.

E porte du chargement du four à acier.

F trou de coulée.

Le fer, accumulé en BB, est poussé dans le four C, lorsque la fonte est suffisamment chaude. Ce travail se fait par la porte D, dont la situation n'est toutefois pas très-commode pour ce travail.

Pl. VI. *Fig.* 6. Marteau double de M. Ramsbottom à poussée directe. — Le marteau est lié au piston mobile.

Pl. VI. *Fig.* 7. Marteau double de M. Ramsbottom à poussée directe. — Le marteau est lié au cylindre mobile.

TABLE DES MATIÈRES.

Extrait des ANNALES DES MINES, tome XII, 1867.

Paris. — Imprimé par E. THUNOT et Cᵉ, 26, rue Racine.

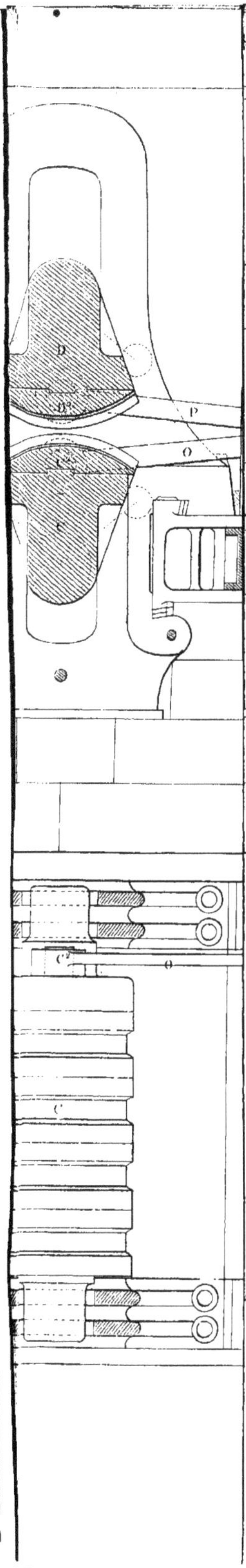

Pl. I.

Fig. 3.

Élévation latérale.

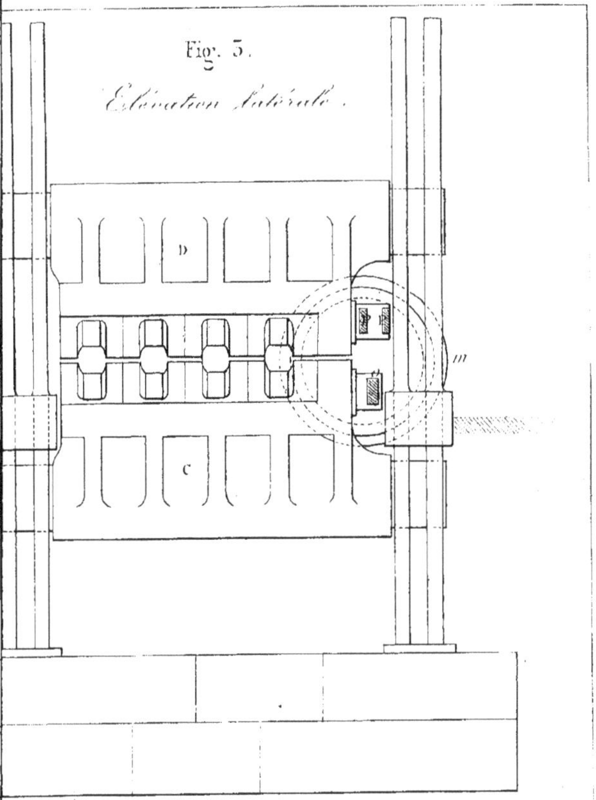

D

P

O

m

C

Coupe du cylindre à vapeur.

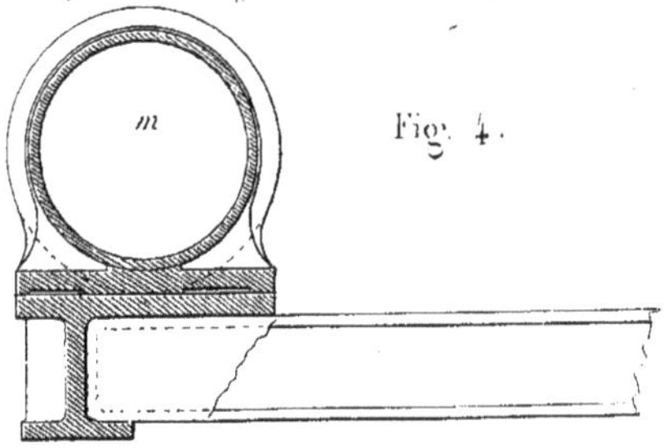

m

Fig. 4.

Échelle de 0m 056 pour 1 mètre

1 3 4 5 Mètres

Lemaître, Graveur de l'Empereur, sc.

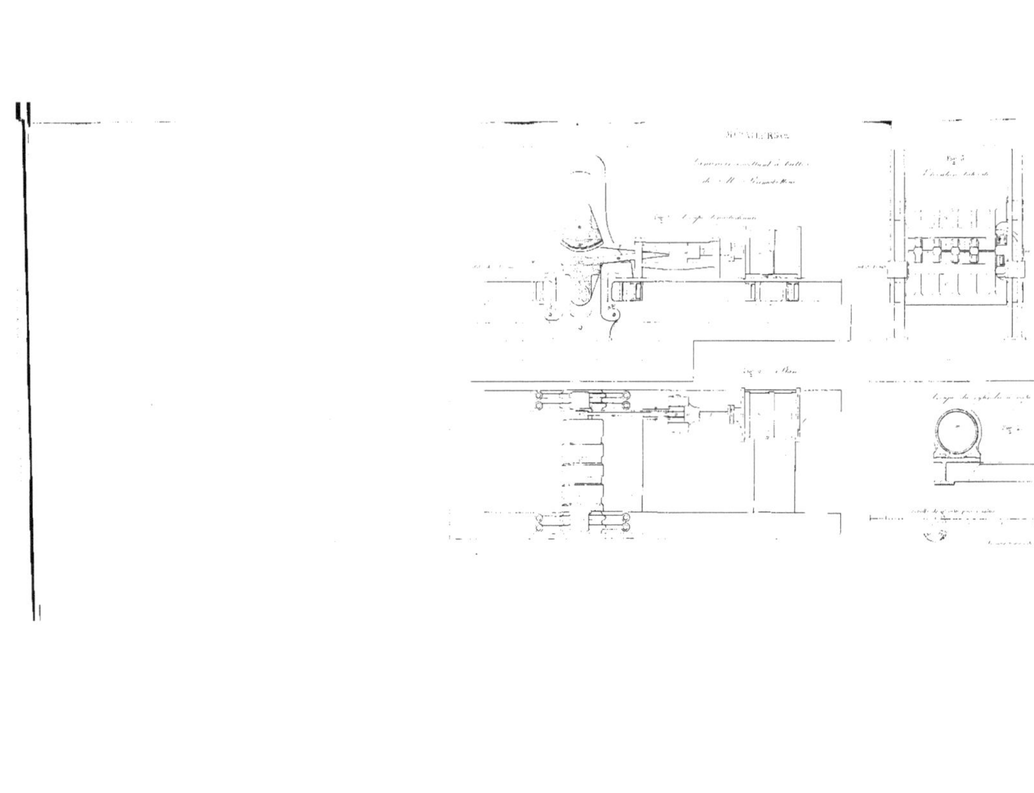

Pl. II.

Fig. 2.
Coupe transversale.
D
D'
C'
C
i
Fig. 4.
Coupe transversale.
D
D'
C
C'
m
Graveur de l'Empereur

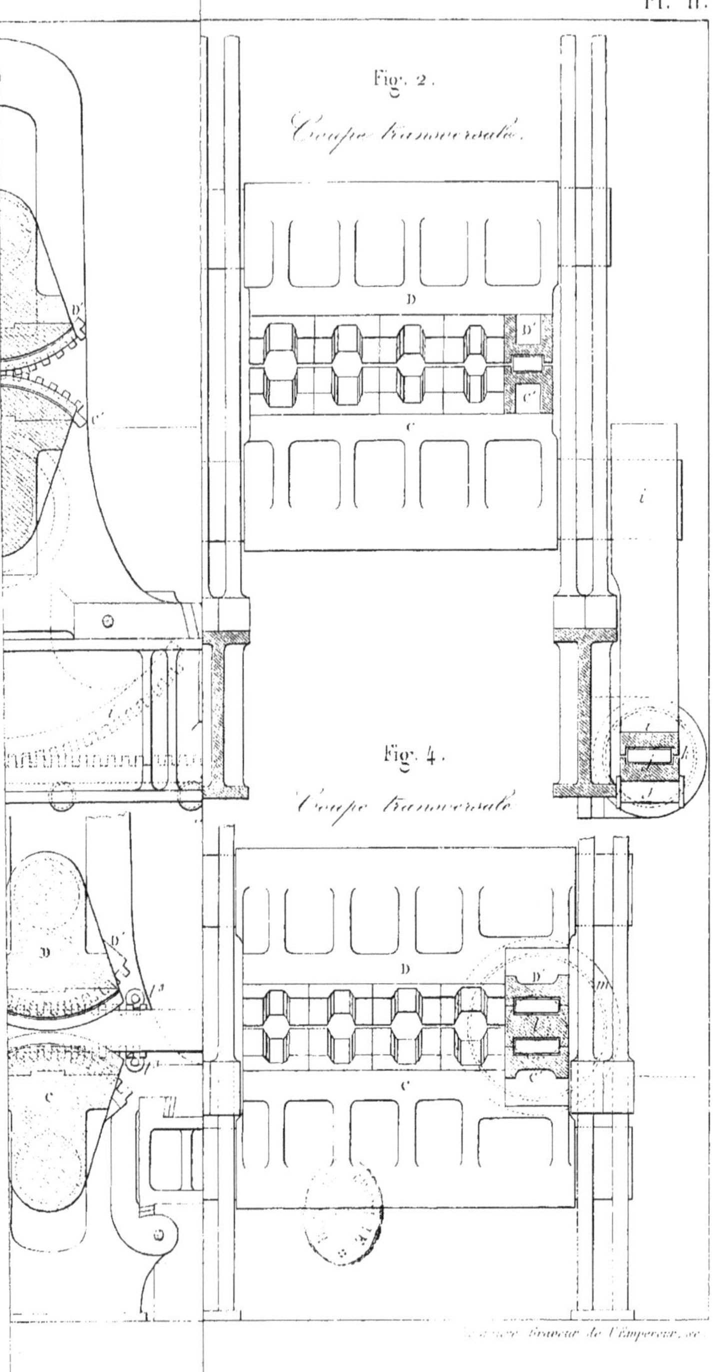

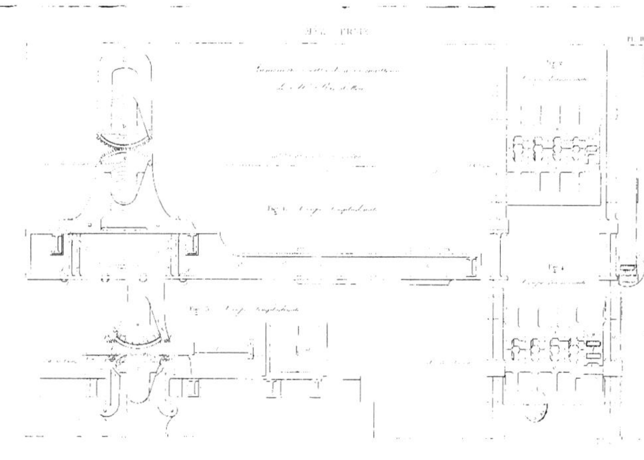

Pl. III.

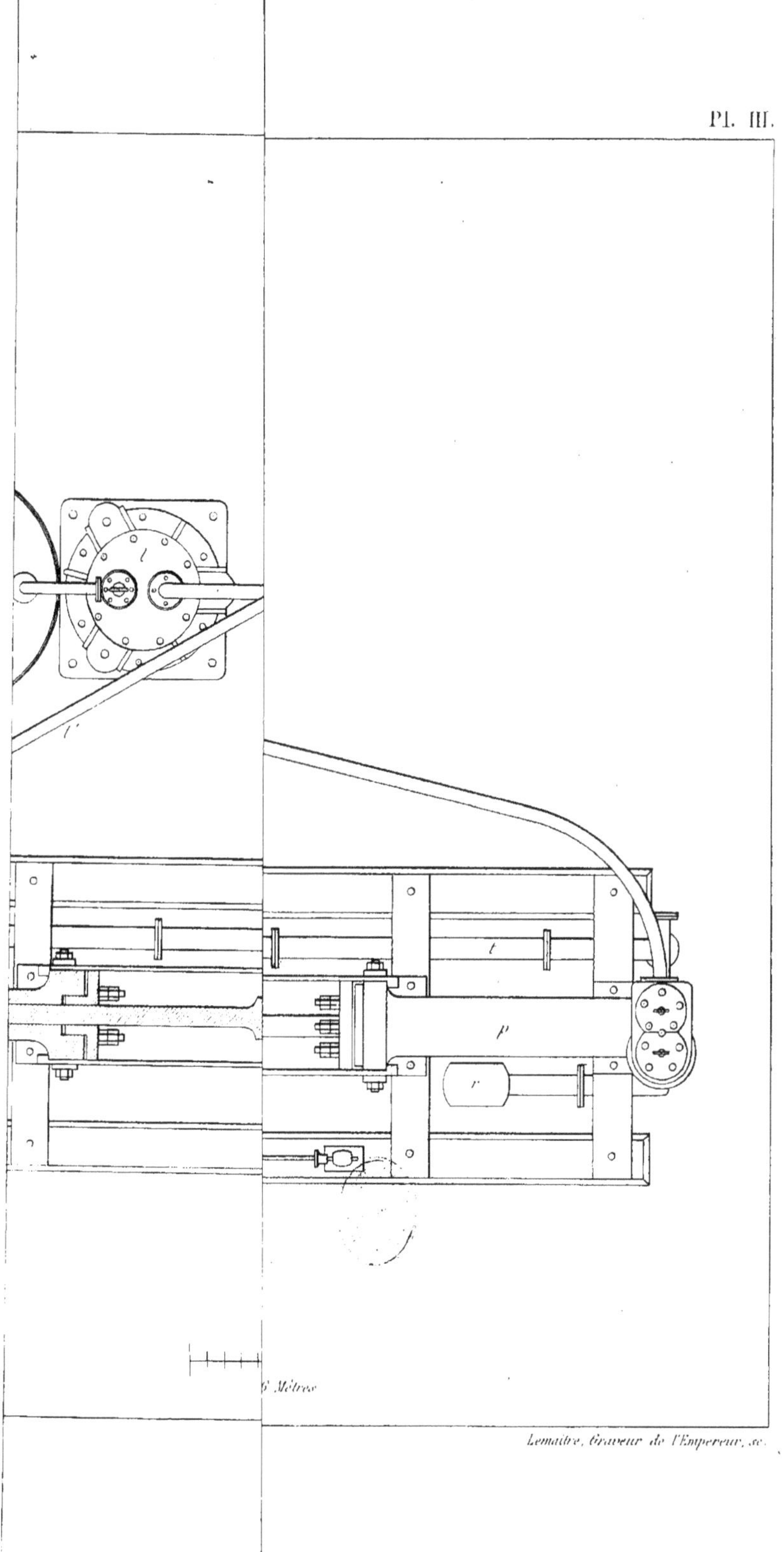

Lemaitre, Graveur de l'Empereur, sc.

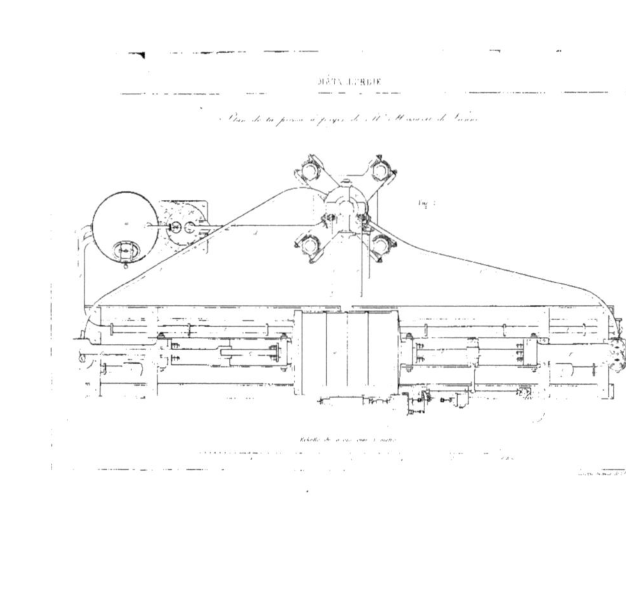

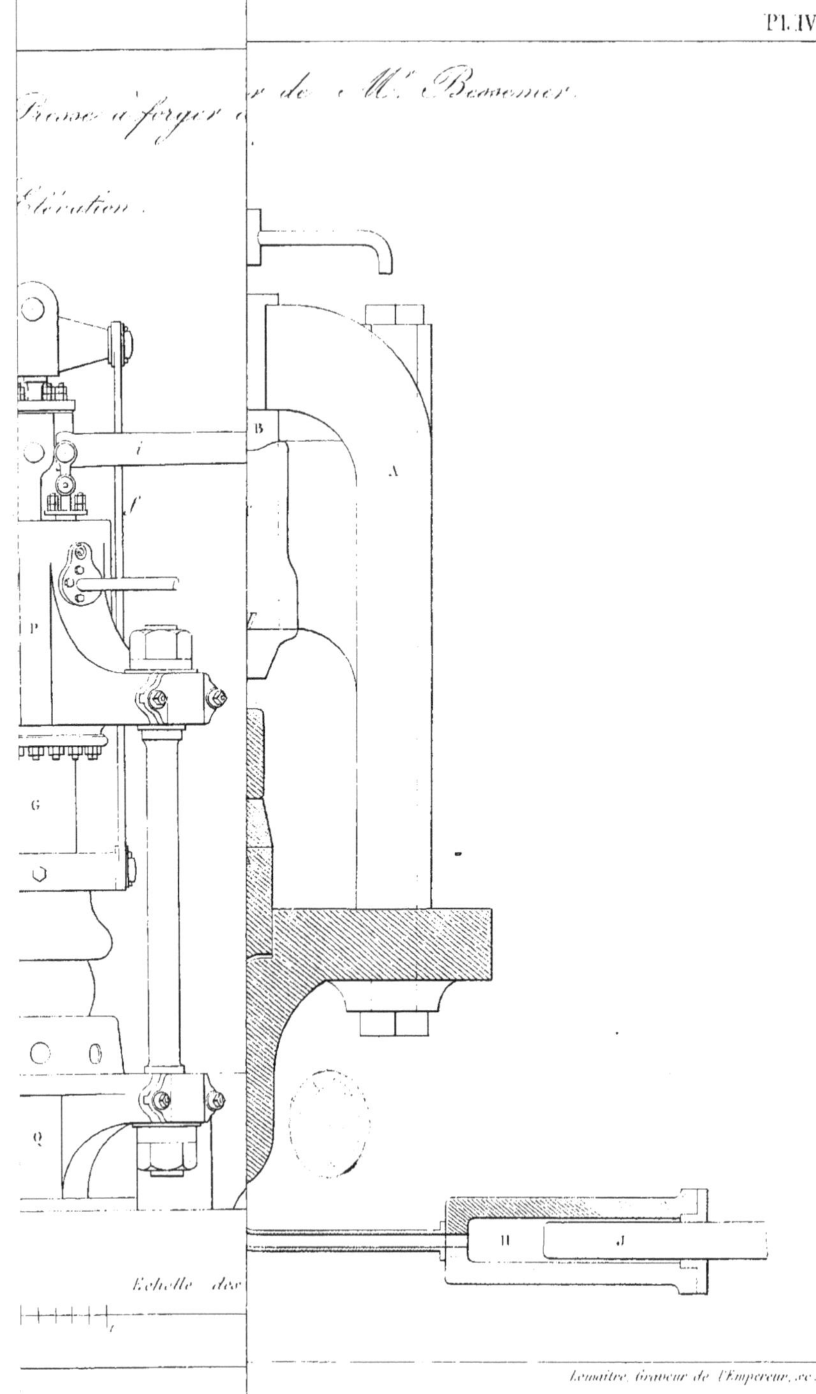
Pl. IV.
Presse à forger
r de Mr. Bessemer.
Élévation.
A
B
i
f
P
G
Q
H
J
Echelle des
Lemaitre, Graveur de l'Empereur, sc.

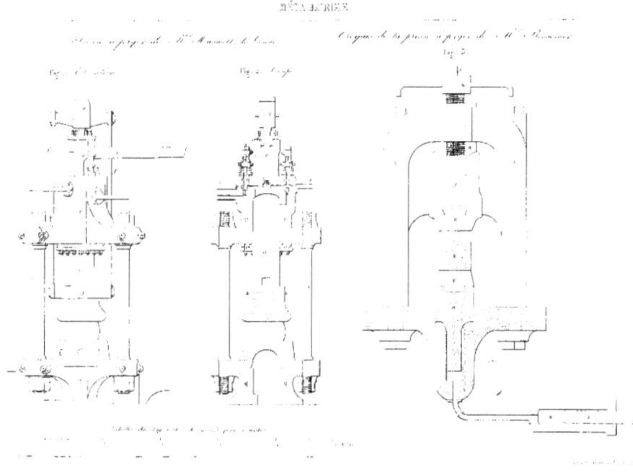

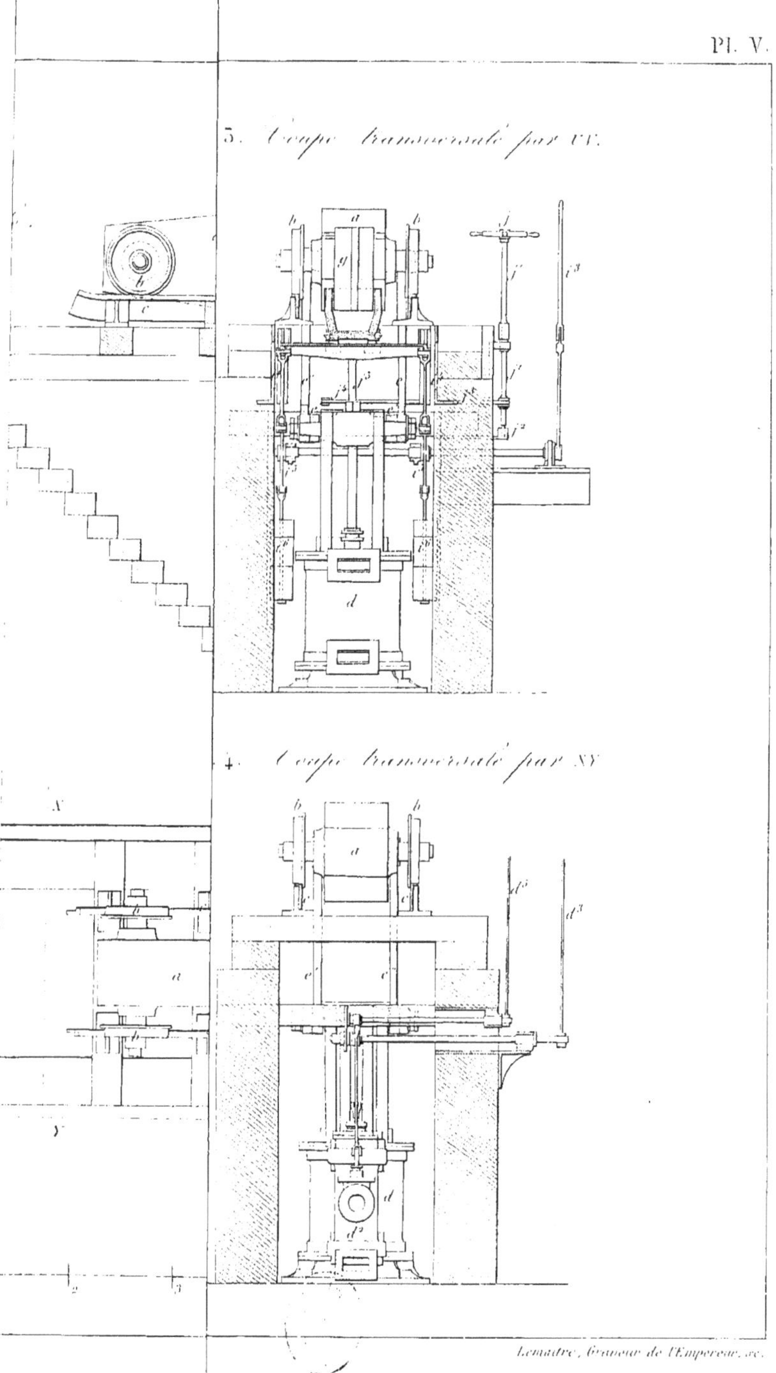

Lemaitre, Graveur de l'Empereur, sc.

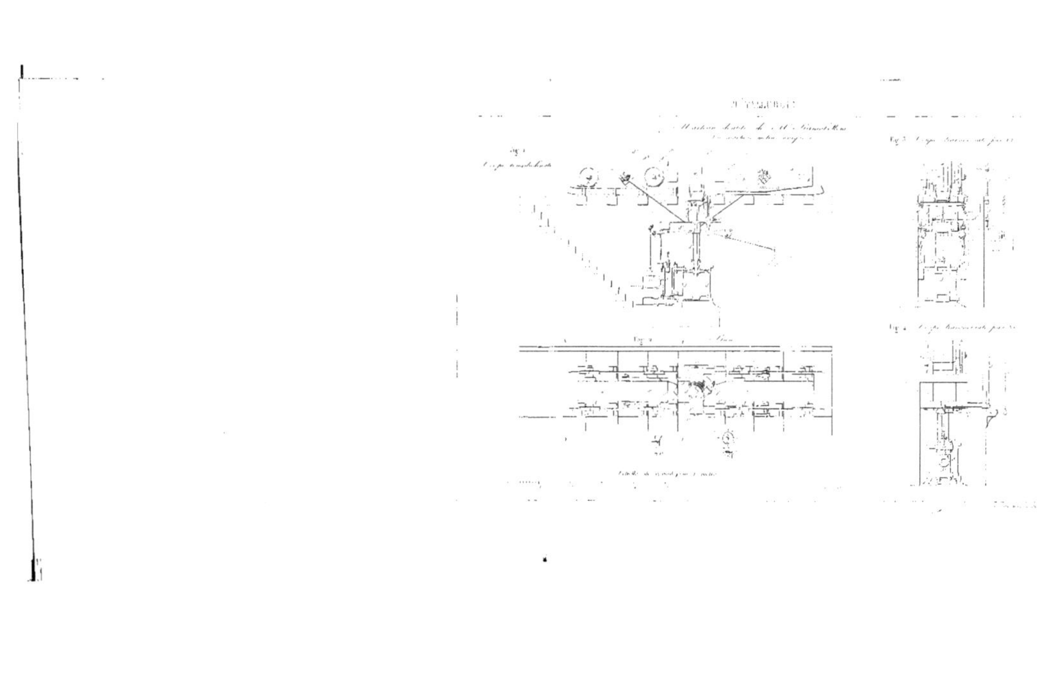

Pl. VI.

Mr. Ramsbottom.

(Fig. 6 et 7.)

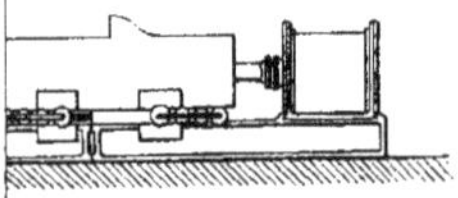

piston

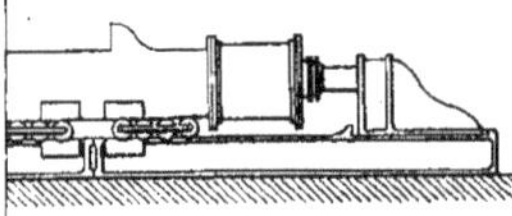

au cylindre

de 0m 004 pour 1 mètre

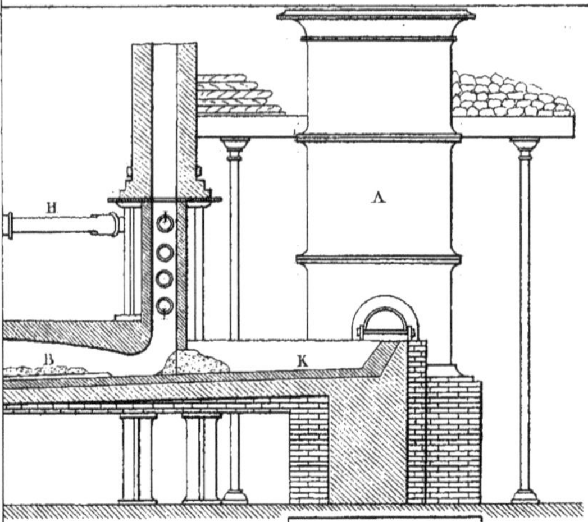

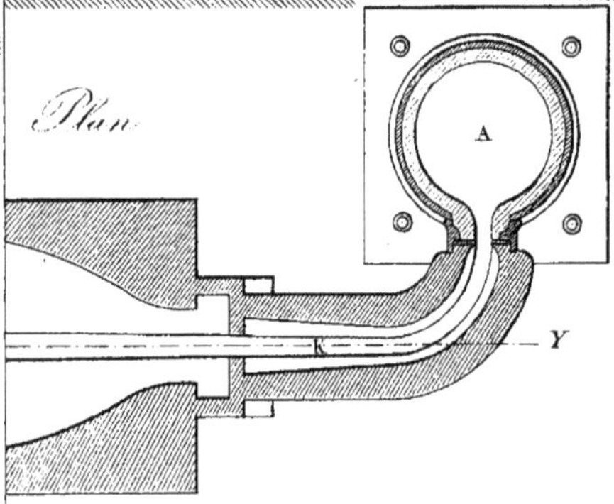

ale suivant XY.

Fig. 2.

1 à 5 de 0m 015, pour 1 mètre

3 4

Plan

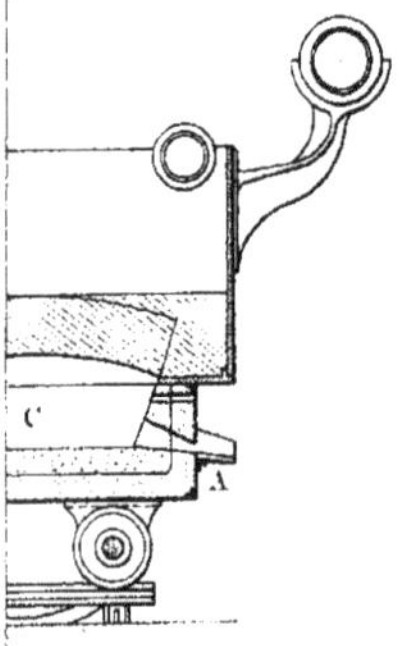

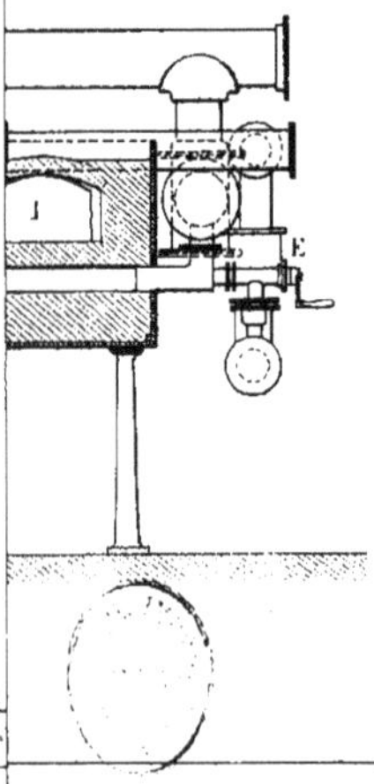

Four à acier de Mr. Bérard.

(Fig. 1 et 2.)

H B K A A Y I E C A

Lemaitre, Graveur de l'Empereur, &c.

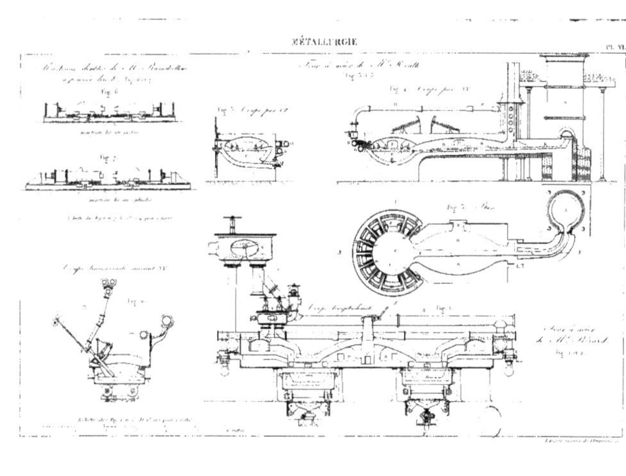

www.ingramcontent.com/pod-product-compliance
Ingram Content Group UK Ltd.
Pitfield, Milton Keynes, MK11 3LW, UK
UKHW020310180726
13839UKWH00001B/431

9 782329 605777